乡村振兴战略下农村职业教育研究

李咏梅　著

云南美术出版社

图书在版编目（CIP）数据

乡村振兴战略下农村职业教育研究 / 李咏梅著. —
昆明：云南美术出版社，2023.12
ISBN 978-7-5489-5550-4

Ⅰ.①乡… Ⅱ.①李… Ⅲ.①乡村教育-职业教育-
研究-中国 Ⅳ.①G725

中国国家版本馆 CIP 数据核字（2023）第 249296 号

责任编辑：刁正勇
责任校对：梁 媛 李 平 黎 琳
装帧设计：张田田
封面设计：寓 羽

乡村振兴战略下农村职业教育研究

李咏梅 著

出版发行：云南美术出版社（昆明市环城西路 609 号）
制版印刷：昆明德厚印刷包装有限公司
开　　本：787mm×1092mm　　1/16
印　　张：5.75
字　　数：250 千字
版　　次：2023 年 12 月第 1 版
印　　次：2023 年 12 月第 1 次印刷
书　　号：ISBN 978-7-5489-5550-4
定　　价：45.00 元

前　言

　　近年来，乡村振兴战略已经成为国家发展的重要战略。这一战略的提出，旨在推动农村经济、文化、社会和生态等各方面的全面发展，促进城乡一体化，提高农村居民的生活水平和幸福感。当然，要实现乡村振兴的目标，需要采取多方面的措施，其中之一就是加强农村职业教育。农村职业教育在乡村振兴过程中具有重要的作用，它可以提高农村居民的职业技能和素质，增强他们的就业能力和创业能力，从而促进乡村经济的发展，也可以增强农村居民的文化自信和归属感，推动文化事业繁荣发展。

　　本书首先介绍了乡村振兴战略，探讨了农村职业教育，然后重点论述了农村职业教育与乡村人才振兴的融合、农村职业教育与乡村产业发展的融合、农村职业教育与乡村生态振兴的融合，最后分析了农村职业教育的创新实践。希望本书的介绍能够为相关领域的研究者提供帮助。

　　本书在写作过程中，笔者参阅了部分文献资料，在此，谨向其作者深表谢忱。

　　由于水平有限，疏漏和缺点在所难免，希望得到广大读者的批评指正，并衷心希望同行不吝赐教。

作　者
2023 年 10 月

目　录

第一章　乡村振兴战略与农村职业教育

第一节　乡村振兴战略

一、乡村振兴战略概述

乡村振兴战略是一种综合性的战略，其目标是实现乡村经济、文化和生态环境的协调发展。乡村振兴战略不仅关注乡村经济的发展，也包括社会发展、生活改善、文化保护、环境治理等方面的内容。

乡村振兴旨在解决农村发展中的问题。在这种目标下，乡村振兴战略强调实施一系列促进农村发展的政策措施，如产业结构调整、基础设施建设等。这些措施旨在改善农村居民的生活质量，促进农村发展与城市发展的协调。

从历史演变的角度来看，乡村振兴战略在早期更强调农业生产和生活质量的改善。随着经济的发展和科技的进步，乡村振兴战略的概念逐渐扩展，涵盖了更广泛的领域，例如文化保护、生态环境保护等。

二、乡村振兴战略的主要内容

（一）产业振兴

1. 注重发展现代农业

在当下，传统的农业模式已较难满足人们日益增长的需求，因此，推动现代农业发展成为一项重要的工作。这包括引进新的农业科技，提高生产效率，优化生产结构等。

2. 关注产业转型升级

传统的乡村产业大多被限制于一些简单的农产品加工和手工业。为了实现产业结构的转型升级，需要引进先进的制造工艺和设备，培育新的乡村产业，提升农产品的附加值和市场化水平。

3. 加强产业链建设

我们需要明确农产品的标准化生产和加工流程，提高产品质量和市场竞争力。加强农产品的品牌建设和市场推广，提升消费者对农产品的认可度。

4. 注重技能培训

提高农村居民的技能水平，让他们有能力参与到现代农业和乡村产业的发展中，才能真正实现乡村经济的振兴。相关部门需要加大职业培训力度，为他们提供创业帮助和就业机会。

（二）人才振兴

乡村振兴战略注重发展农村教育。农村教育的发展是提高农村居民素质的关键。应加大对农村教育的投入，提供更多的教育资源，改善教育条件。要重视职业教育的发展，培养更多的技能人才，提高农村居民的就业创业能力。

人才振兴需要加强人才培养和引进工作。在乡村振兴过程中，需要培养和引进各类人才，包括技术人才、管理人才、创业人才等。通过加强培训和教育，提升人才的专业技能和管理水平，为乡村产业升级提供有力支持。

提升农村居民素质是人才振兴的重要内容。农村居民不仅要具备农业生产的技能，还要具有一定的科学文化素养。因此，要加强农村居民教育和培训，提高农村居民的科学文化素质，增强农村居民的创新能力和自主创业意识。

（三）文化振兴

传承和弘扬传统文化，可以增强农村居民的认同感和自尊心，促进社会和谐稳定。同时，发展现代文化产业，也是推动乡村经济发展的重要手段。

首先应注重传统文化的保护和传承。乡村是传统文化的沃土，具有深厚的历史积淀。保护和传承传统文化，可以弘扬优秀传统文化的精神内涵，为农村提供凝聚力和认同感。应制定相应的政策和措施，加强对传统文化的保护和传承，鼓励农村文化团体开展相关活动，并加强乡村文化研究与教育。

其次应积极发展现代文化产业。现代文化产业是乡村振兴的重要支撑。通过发展音乐、影视、手工艺等文化产业，可以为农村居民创造就业机会，提高收入，还可以丰富农村居民的文化生活。应该加大对农村文化产业的扶持力度，引导农村居民创办文化企业或合作社，并提供相关的培训和资金支持。

再次应加强农村文化设施的建设。完善农村公共文化设施，建立多功能文化活动中心和图书馆等文化场所，提供丰富的文化服务。同时，加强农村文化旅游的开发，挖掘和利用特色文化资源，打造具有吸引力的文化旅游产品，促进农村旅游业的发展。

（四）生态振兴

生态振兴旨在通过改善和保护乡村地区的生态环境，提高生态资源的可持续利用水平，促进乡村经济的发展。

1. 加强环境保护

农村的资源丰富，但生态环境脆弱，生态系统的破坏对乡村振兴产生了负面影响。因此，应加强对生态环境的监管，制定相关政策和规划，严控乡村建设活动对生态环境的破坏，保护生态系统。

2. 推动绿色发展

传统的农业生产方式过度利用土地、水资源，使得农田退化，水源减少，生态系统遭到破坏。为了实现乡村振兴，必须转变生产方式，推广绿色农业和生态农业。通过合理利用农业资源，减少农药的使用，提高农作物品质和产量，实现可持续发展。

3. 开展生态修复

生态修复工程是恢复和改善乡村地区生态系统的重要方式。可以通过植树造林、湿地保护、水体治理等，修复受损的生态环境，提高土地利用效率，提升生态系统的稳定性。此外，还可以推广生态旅游，加强乡村旅游资源的开发，促进经济发展。

4. 加强教育宣传

通过开展教育与宣传活动，提高农村居民对乡村生态环境保护的认知，引导他们积极参与生态振兴工作。同时，也应加强环境监管和执法力度，严厉打击破坏生态环境的行为，营造良好的生态环境。

三、乡村振兴战略的重要性

（一）促进乡村经济发展

首先，乡村振兴战略鼓励农业结构调整和转型升级。农业是乡村经济的基础，只有农业具备了竞争力和可持续发展能力，才能推动乡村经济的发展。乡村振兴战略鼓励农村居民从传统的农业生产转向现代农业经营，推动农业的产业化、规模化和智能化，提高农业生产的效率和质量。这不仅增加农村居民的收入，改善农村居民的生活质量，还可以推动农业产业转型升级。

其次，乡村振兴战略促进乡村经济的多元化发展。传统意义上，乡村经济主要依靠农作物种植和养殖业。随着社会的发展和人们对农产品需求的多样化，单一的农业经济已经难以满足人们对多元化农产品的需求。乡村振兴战略鼓励农村居民发展特色农业、休闲农业、乡村旅游等新产业，推动乡村经济的多元化发展。通过开发乡村优势产业，可以吸引更多的人流、货流和资金流，为农村居民创造更多的就业机会和创业机会。

再次，乡村振兴战略重视农村基础设施建设。农村基础设施是乡村经济发展的重要保障。乡村振兴战略明确了改善农村基础设施的目标，包括优化交通、水利、能源、信息等基础设施建设，提高农村基础设施的覆盖范围和质量。良好的基础设施可以改善农村居民的生活条件，还可以吸引更多的投资和人才，推动乡村经济的发展。

最后，乡村振兴战略注重农村人力资源的培养。农村人力资源是乡村经济发展的重要支撑。乡村振兴战略提出了加强农村人力资源培训和教育的措施，通过提高农村居民的技能水平和创新意识，激发他们的创业潜力和创新能力，可以推动乡村经济的转型升级和可持续发展。同时，乡村振兴战略也鼓励人才的流动和交流，促进城乡人才资源的互补和共享。

（二）文化传承与保护

文化传统是农村独特性的集中体现，它承载着农村居民的历史记忆、价值观念和生活方式。如果我们忽视了文化传承，会失去农村的魅力和特色。乡村振兴必须注重保护和传承传统文化，彰显农村的独特性。

文化传承对于促进社会发展具有重要意义。传统文化不仅是一种精神财富，更是一种促进社会和谐稳定的力量。通过传承优秀文化，可以增强农村居民的归属感和认同感，提高他们的自尊心和自信心，凝聚农村居民的共识。在乡村振兴战略中，保障文化传承不只是保存历史遗产，更是为了推动乡村的发展和繁荣。

文化传承对于增强乡村的软实力具有重要作用。文化传承是乡村软实力的核心。通过传承优秀传统文化，可以打造乡村的品牌形象，提升乡村的知名度和吸引力。乡村拥有独特的文化资源，可以开展文化旅游等产业，创造就业机会，促进乡村经济的发展。保障文化传承，可以让乡村成为一个有魅力的地方，吸引更多的人来乡村旅游、投资和生活。

（三）保护生态环境

保护生态环境对于促进乡村的持续发展来说非常重要。乡村通常富集着丰富的自然资源，如水源、森林和草场等。这些资源是乡村经济发展的重要支撑，也是农村居民赖以生存的基础。通过加强生态环境保护工作，可以有效促进自然资源的可持续利用，确保乡村经济长期稳定发展。

保护生态环境有助于改善农村居民的生活质量。农村居民通常与自然环境有密切联系。如果生态环境遭受破坏，不仅会对居民的身体健康造成威胁，还会对生活品质产生负面影响。因此，乡村振兴必须注重保护生态环境，以提高农村居民的生活质量。

保护生态环境也有助于传承和发展乡村文化。保护生态环境不仅能保护和传承优秀文化，还能吸引更多的游客前来。因此，乡村振兴必须注重保护生态环境，以实现文化传承的目标。

（四）提高生活质量

乡村振兴战略的实施对于农村居民生活质量的提升具有重要意义，它也为改善农村居民的生活条件提供了新的机遇。

乡村振兴战略的实施将促进乡村经济的发展，提高农村居民的收入水平。在乡村振兴战略下，通过发展农业产业、农村旅游、农产品加工等，不仅增加了农村居民的就业机会，也提升了农村居民的收入水平。农村居民通过参与现代农业生产和产业化经营，能够获得更多的经济收益，从而改善生活条件。

乡村振兴战略注重基础设施建设，提升农村居民的生活品质。在乡村，由于基础设施不完善，农村居民在交通、教育、医疗等方面存在一些困难。乡村振兴战略的实施将加大对农村基础设施建设的投入，改善交通条件，兴建学校、医院等公共服务设施，为农村居民提供更好的生活条件。

第二节　农村职业教育

一、职业教育概述

(一) 职业教育的基本内涵

职业教育是指为了培养特定职业能力而进行的教育，其目的是给学生提供实用的职业知识及技能，以便他们能够顺利就业。职业教育强调实践操作和技能培养，着重培养学生在特定职业领域中所需的技能和知识。

职业教育注重培养学生在就业市场上的优势能力。它的目标是帮助学生获得就业和实现自我发展。同时，职业教育也致力于促进现代化，通过培养专业人才，推动经济的转型升级。

职业教育具有三个特点。其一，职业教育强调对生产技术的培养，注重培养学生的实践能力和实用技能，以满足就业市场的需求。其二，职业教育更加贴近群众生活和实际需求，注重培养学生的社会责任感和创新意识，让他们成为有能力服务于社会发展的专业人才。其三，职业教育还强调文化传承和价值观的培养，注重发扬传统文化，培养学生热爱职业、服务社会的意识。

(二) 职业教育的基本形式

职业教育是以培养学生职业技能为目标的教育形式。与传统的学术教育相比，职业教育更注重培养学生在某个特定职业领域的实践技能。

职业教育采用模块化教学方式。这一特性使得学生能够根据自己的兴趣、能力和职业需求，选择适合自己的课程和学习模块，有针对性地完成学习，更加高效地提升职业能力。

职业教育注重实践教学。虽然理论知识在职业教育中也是重要的一部分，但更为重要的是学生能够通过实践活动，将所学知识应用到实际工作中。通过实践教学，学生可以积累丰富的实践经验，提高职业技能。

职业教育还注重培养学生的创新能力。在当下，创新能力对于就业人才来说至关重要。因此，职业教育将创新能力作为培养目标，并为学生提供相应的培训机会。

职业教育也注重职业导向。不同于学术教育，职业教育的最终目标是培养能够胜任特定职业的人才，并使其适应职业发展需求，为社会和经济发展做出贡献。

(三) 职业教育的分类

1. 学历层次

在学历层次方面，职业教育可以分为中等职业教育和高等职业教育。中等职业教育主要针对初中毕业生或高中毕业生，培养学生具备一定的职业技能和就业能力。高等职业教育则是在中等职业教育的基础上继续强化学生的专业知识和技能，培养高素质技术人才。

2. 学科领域

在学科领域中，职业教育可以分为工科职业教育、经济管理职业教育、文化艺术职业教育、农林职业教育等。不同学科领域的职业教育旨在培养具备不同专业技能和知识的人才，为社会和经济发展提供充足的人力资源。

3. 培养目标

从培养目标来看，职业教育可以分为技能型职业教育和管理型职业教育。技能型职业教育注重培养学生具备一定的实际操作能力，能够满足社会对具体职业技能的需求。管理型职业教育则注重培养学生具备管理能力、创新能力和创业精神，成为各个领域的管理人才。

职业教育还可以根据不同行业的需要进行更细化的分类。例如，建筑行业的职业教育可以细分为建筑工程技术、建筑装饰技术、工程造价技术等。

二、农村职业教育概述

（一）农村职业教育的基本概念

农村职业教育是指在乡村地区开展的一种教育形式，旨在为居民提供职业技能培训和继续教育的机会。

农村职业教育的目标是满足农村居民就业、创业和发展的需求，因此其注重培养实际操作技能和农村特色产业的相关能力。

农村职业教育通常以乡村地区的实际情况为依托，注重将理论知识与实践操作相结合，通过实际的工作实践来培养学生的动手能力和创新精神。

农村职业教育的教学资源相对有限，学校和教师的数量相对较少，因此需要充分利用现有资源，并探索适合农村职业教育特点的教学方式。

农村职业教育注重培养学生的综合素质，包括良好的职业道德、团队合作意识、创新能力等，以满足乡村的发展需求。

（二）农村职业教育的主体

农村职业教育的主体是培养学生的教育机构。这些机构在乡村发挥着重要的作用，为学生提供职业技能培训、行业就业指导等服务。农村职业教育的主体也是经过认可并注册的，具有一定规模和资质的机构。

农村职业教育主体应具有一定的优势。在乡村地区，职业教育更加贴近农村实际需求，注重培养与农业相关的职业技能。这意味着，农村职业教育主体要针对学生的特定需求，培养适应农村发展的人才。农村职业教育的主体还应具有灵活性和适应性，在满足学生职业需求的同时能够根据乡村经济发展的变化及时调整教育内容。

农村职业教育的主体应该具备良好的教育管理能力。乡村地区教育资源相对匮乏，加之农村职业教育的发展相对滞后，这就需要农村职业教育的主体机构具备较强的管理能力。他们需要合理分配教育资源、制定科学的教学计划，并保证教学质量。农村职业教育的主体也要注重培养师资队伍，提高教师的专业素质和教育能力，以更好地满足学生的需求。

（三）农村职业教育的培训方式

在农村，由于一些客观条件的限制，农村职业教育的培训方式通常需要考虑到学生的实际情况，注重灵活性和适应性。

农村职业教育可以采用灵活的培训形式。在乡村地区，由于交通不便、资金有限等原因，传统的面对面授课方式往往不太适合。因此，可以采用远程教育、在线教育等灵活的培训模式，通过网络平台向学生提供教育资源和培训课程，让他们能够在家或就近的培训中心进行学习，节省时间和费用。

农村职业教育要注重实践操作的训练。农村很多学生通常具有实际操作能力和经验，因此在培训过程中可以加强实践环节，注重实际操作技能的提升。可以通过实训基地的建设或与企业合作，提供操作场地和机会，让学员进行真实的工作环境模拟，不仅能提高学员的技能水平，也能更好地适应实际就业需求。

农村职业教育的培训可以借鉴合作育人的模式。乡村地区大多面临人才培养资源有限的问题，而合作育人可以有效解决这一问题。可以通过合作办学、联合培养等，将优质教育资源引入乡村地区，为学生提供更好的教育培训机会。同时，也可以与企业签订就业协议、提供实习岗位等，增加学员的实践经验和就业机会。

三、农村职业教育的目标

（一）满足乡村经济发展的需求

农村职业教育需要与乡村经济的需求紧密结合，不断更新教育内容和课程设置。例如，随着信息技术的进步和电商的兴起，农村职业教育应该重点培养电商从业人员、网络推广人员等相关人才，以满足农村电商发展的需要。

农村职业教育应该注重培养乡村地区所需的特定职业人才。乡村经济的发展离不开农业、畜牧业等传统产业，因此，农村职业教育应该加强对相关专业的培养，提高农村居民从事农业生产的技能和水平，推动农业现代化进程。此外，还应该注重培养具备创新精神和创业能力的青年，开设创业管理等课程，培养一批创业者和企业家。

因此，农村职业教育不仅要提供适应乡村经济发展的课程和专业，还需要加强与经济发展的紧密配合。农村职业教育机构应该与企业、合作社等产业发展主体建立紧密的联系和合作关系，共同制定培养计划，实现培养目标。

（二）提高劳动者的职业技能

通过培养农村劳动者的职业技能，可以提升他们的就业能力和竞争力。乡村地区的就业形势相对严峻，劳动者面临着就业困难和职业发展问题。因此，通过职业教育培训，农村劳动者可以掌握更多实用的职业技能，增强自己在就业市场的竞争力，获得就业机会。

提高农村劳动者的职业技能可以推动乡村经济的转型升级。乡村地区的产业结构相对单一，主要以农业为主，而传统的农业生产方式已经难以满足现代化农业的要求。通过职业教育培训，农村劳动者可以学习到先进的农业技术和管理知识，提高生产效率，推动乡村经济转型升级，实现农业现代化的目标。

提高农村劳动者的职业技能可以促进人才的流动和交流。乡村地区的人才流动性相对较低，人才资源利用效率较低。通过职业教育培训，农村劳动者可以提高自身的职业技能，还可以增强自己的社会交往能力。这些劳动者可以通过技术交流和合作，促进农村人才的流动和交流，为乡村地区的发展注入新的活力。

提高农村劳动者的职业技能可以提升农村居民的生活质量。通过职业教育培训，农村劳动者可以学习到生活技能和管理知识，提高自己的生活质量和生活水平，增强其社会参与度。

（三）提升劳动者的整体素质

在当下，农村劳动者不仅要具备基本的职业技能，更需要拥有一定的综合素质和核心竞争力。提升劳动者的整体素质，对于促进乡村地区经济的可持续发展具有重要意义。

1. 职业道德教育

农村职业教育应该注重培养学生的职业道德和职业操守，使其具备良好的职业道德观念。只有具备良好的职业道德，才能更好地满足职业发展的要求，提升整体素质。

2. 提升文化素养

农村职业教育应该以培养学生的科学文化素养为重点，通过拓宽学科知识面、提高综合能力，使学生具备全面的科学文化素养。只有具备扎实的科学文化知识，才能更好地适应社会发展的需求，提升整体素质。

3. 培养综合能力

农村职业教育应该鼓励学生进行多学科知识的交叉融合，培养学生的综合能力和跨学科的研究能力。只有具备跨学科的综合能力，才能更好地适应复杂多变的职业环境，提升整体素质。

4. 强化实践能力

农村职业教育应该重视强化学生的实践操作能力，采用实训、实习等方式，使学生能够掌握实际工作中所需要的技术和能力。只有具备良好的实践能力，才能更好地适应职业实践的要求，提升整体素质。

（四）促进社会经济的可持续发展

农村职业教育致力于培养具有创新意识和创业精神的人才。通过开展创业教育和实践活动，培养学生的创新能力和创业意识，激发他们的创业潜力和创造力。这样的人才能够为农村社会经济的发展注入新的活力，推动乡村产业结构的升级。

农村职业教育还注重培养适应乡村产业发展需求的技术人才。乡村经济的发展离不开各个行业的支撑，因此需要一大批技能熟练、适应性强的人才。农村职业教育通过教授应用技能和行业知识，培养学生具备实践操作能力和创新能力。这些技术人才将为推动乡村产业的发展提供有力支持。

农村职业教育还注重培养学生的整体素质。农村社会经济的可持续发展不仅需要技术人才，还需要具备综合素质的人才。农村职业教育在培养学生专业能力的同时，也注重提升他们的道德品质、社会责任感和团队协作能力。这样的人才不仅能适应乡村产业发展的需要，还能积极参与乡村振兴，促进农村社会经济的可持续发展。

四、农村职业教育的重要作用

（一）促进经济发展

农村职业教育能够为农村提供技术人才。在当下，技术人才是推动经济发展的关键因素之一。农村职业教育的任务之一就是培养具备实际操作能力和实践经验的专业人才，这些人才能够满足乡村经济发展的需要。

农村职业教育对乡村经济结构的转型升级起到了促进作用。随着乡村经济的转型发展，传统农业已经难以满足人民群众的多样化需求。农村职业教育通过培养各类专业人才，为乡村经济的多元化发展提供了人才保障。无论是工业化的推进、现代农业的发展，还是新兴产业的培育，农村职业教育都扮演着至关重要的角色。

农村职业教育还有助于解决农村居民的就业问题，促进农村的人口流动和资源优化配置。通过引导农村劳动力转向非农产业，农村职业教育能够提高农村居民的就业能力，帮助他们更好地适应经济发展的需要，并提供更多的就业机会。这不仅能提高农村居民的收入水平，还能促进农村的经济发展。

（二）促进社会发展

农村职业教育为乡村地区的劳动者提供了多样化的技能培训，使他们能够具备适应经济发展需求的就业技能，这有助于提升农村居民的就业竞争力。农村社会建设需要各类人才，而农村职业教育为乡村地区培养了大量的专业技能人才，促进了社会的发展。

农村职业教育还有助于促进农村治理水平的提升。在农村，人们的需求日益多元化，社会服务的需求也在不断增加。农村职业教育为农村居民提供了更广泛的职业选择，培养了各类服务业人才，满足了农村对于基础服务、医疗护理、社区管理等方面的需求。同时，农村职业教育还注重培养学生的社会责任感和创新能力，使他们能够积极融入社会，在社会建设中发挥积极作用。

农村职业教育也对农村人才培养工作的全面开展起到了促进作用。随着乡村经济的转型升级，农村对于高素质、复合型人才的需求日益增加。农村职业教育以就业为导向，注重实践能力培养，帮助学生全面提升各方面技能和素质。这种综合素质的培养对于社会的可持续发展来说至关重要。农村职业教育也为农村人才的培养提供了更广阔的平台。

（三）促进人才培养

农村职业教育为农村青年提供了获得实用技能和专业知识的机会，从而提升他们的就业能力和竞争力。通过农村职业教育的培训，农村青年能够学习到与现代农业生产和乡村经济发展密切相关的技能，如机械操作、养殖管理、农产品加工等，使他们能够适应乡村经济结构转型，满足就业需求。

农村职业教育在培养农村人才的过程中注重实践教学，培养学生的动手能力。在实践教学中，学生可以将理论知识运用到实际操作中，还能积累实践经验，提升解决实际问题的能力。农村职业教育通过实践教学培养具备实际操作能力的人才，让他们成为推动农村发展的重要力量。

农村职业教育还注重培养学生的创新能力和创业精神。在培养人才的过程中，农村职业教育注重培养学生的创新思维，提高学生对农村发展中的问题进行分析和解决的能力。农村职业教育通过开设创新创业课程和实践项目，培养学生的创业意识和创新能力，鼓励他们投身农村发展，成为促进乡村经济和社会发展的重要力量。

农村职业教育还通过就业创业指导和职业规划教育，培养学生的职业素养和就业能力。通过参与职业规划教育，学生能够了解不同职业领域的需求与发展前景，合理选择职业方向。农村职业教育还提供就业创业指导，帮助毕业生做好就业和创业准备，提高他们的就业竞争力，为农村的人才流动提供支持。

第三节　农村职业教育的影响

一、农村职业教育对经济的影响

（一）影响劳动力转移

农村职业教育培养大量的技术人才，为乡村经济发展提供强大的人力资源支持。

通过系统的培训和教育，农村青年学习到各类技能，比如农业生产、机械操作、水产养殖等，他们能够成为技术熟练的专业人才，为乡村经济的发展提供动力。

农村职业教育为农村居民提供了就业机会。通过接受职业教育，农村居民可以获得更加专业的技能和知识，提高其就业竞争力。这样一来，农村居民在劳动力转移过程中更有可能找到稳定的职业，提高经济收入。

农村职业教育对农村居民的就业能力提升具有重要意义。随着乡村产业结构的转型升级，传统的农业劳动力需求逐渐减少。农村职业教育的开展，不仅培养了新兴产业所需要的技术人才，也提升了农村居民的综合素质，使其更适应当前社会经济的发展需要。这种就业能力的提升，为农村居民提供了更多的就业机会和选择。

农村劳动力转移还具有促进社会发展的作用。通过职业教育的培训，农村劳动力不仅能提升自己的就业能力，还可以学习到更多的社会知识，提高自身的文化素养。这有助于提高农村居民的幸福感，也为推动社会发展创造了有利条件。

通过相关政策的引导和支持，农村职业教育得到了更好的发展，为农村居民提供了更多的培训机会和岗位选择。这不仅加强了农村居民对职业教育的信心，也更好地满足了农村劳动力转移的需求，促进乡村经济的发展。

（二）影响生产效率

农村职业教育为农村居民提供了专业知识和技能的培训，使其具备更高的职业素养。通过学习农业技术、农作物种植、养殖管理等相关课程，农村居民能够系统掌握现代农业生产技术和管理方法。

农村职业教育为农村居民提供了实践机会，促进了农业生产效率的提升。一方面，学员在学习过程中可以参与实践活动，体验农业生产的各个环节，并将所学知识应用到实际操作中。另一方面，农村职业教育还可以组织学生进行实地考察和实习，让他们与农业生产现场紧密结合起来，提高他们的实践能力和解决问题的能力。

农村职业教育对农业生产效率的提升还体现在与科技创新的结合上。通过农村职业教育的推动，农村居民能够更好地了解和应用现代科技成果，利用信息技术、智能设备等应用在农业生产中，提高生产效率。

农村职业教育还促进了农业产业链的发展，进一步提升生产效率。农村职业教育注重培养学生的综合素质和创新能力，使他们能够更好地满足农业产业发展的需求。一方面，这些学生在毕业后可以成为农村产业的新兴力量，推动产业升级和发展。另一方面，农村职业教育还能为产业链提供各个环节所需的专业技术人才，保证农业生产经营的顺利进行。

（三）影响经济结构

农村职业教育促进了产业结构的升级和优化。随着农村职业教育的不断开展，越来越多的农村居民通过学习相关职业技能，逐渐转变为掌握一定专业技术的人才，为乡村经济结构的升级提供了有力支持。例如，在农村职业教育的推动下，乡村地区逐渐形成以农业产业为主导，兼顾工业、服务业的多元化经济结构。

农村职业教育对学员技术水平的提升产生了积极影响。农村职业教育注重培养学员的实际操作能力和职业技能，让学员掌握现代化种植、养殖、加工等先进的农业技术，从而提高农产品的质量和产出效益。通过农村职业教育的培养，农村居民可以学习到最新的农业技术，提高生产效率和经济效益，进一步促进乡村经济的发展。

农村职业教育还对农村就业结构的调整产生了重要影响。在过去，乡村地区的就业主要依靠农业，导致农村劳动力结构单一。通过农村职业教育的普及，越来越多的农村居民能够通过学习职业技能，实现就业自主选择和跨行业转岗。这不仅带来了新的就业机会，还优化了农村劳动力结构，提高了农村居民的收入水平。

二、农村职业教育对社会的影响

（一）影响社会结构

农村职业教育为乡村地区提供了更多的教育资源，丰富了农村居民的知识。通过接受职业教育，农村居民能够获得专业技能以及社会实践经验，提高素质和竞争力，进一步促进社会结构的优化升级。

农村职业教育使得乡村地区的劳动力能够更好地适应现代化农业和乡村发展的需要。传统劳动方式的改变和现代化生产模式的引入，需要具备专业知识和技能的人才。农村职业教育的开展提供了机会，使农村劳动力能够更好地适应农业生产结构的变革，推动经济的转型升级。

（二）影响社区发展

农村职业教育为农村社区提供了高素质的人力资源。通过培养和提升职业技能，农村职业教育使得更多的年轻人能够获得高质量的教育，并具备适应现代社会发展的能力。

农村职业教育对农村社区的生活水平提升起到关键作用。随着社会的快速发展和科技的不断进步，农村社区迫切需要掌握先进的生产技术来提高乡村产业的竞争力。农村职业教育通过针对农村社区的实际需求进行专业化教学，使农村居民能够学到与乡村经济相适应的实用技能和知识，并能灵活运用于生产领域。

农村职业教育还促进农村社区的社会文化发展。通过职业教育的培训和教学，农村居民可以获取职业技能，还可以接受到丰富的文化知识的熏陶。这些知识和文化的融入，为农村社区注入了新的活力和创造力，丰富了社区的精神文化生活。

（三）影响人口流动

农村职业教育在提高农村居民就业能力方面发挥着重要作用，对于农村人口的流动也产生了显著影响。农村职业教育为农村居民提供了更多的就业机会，使得他们不再仅仅依赖于传统的农业产业。通过学习职业技能，农村居民可以找到更好的工作岗位。

农村职业教育的发展也带动了农村人口的流动。随着农村职业学校的建设与发展，更多的年轻人选择离开农村到城市接受职业教育。这种人口流动不仅使农村职业教育的师资力量得到了进一步提升，也为城市经济的发展注入了新的活力。

农村职业教育对农村人口流动的影响还表现在劳动力的转移上。通过接受职业培训，农村居民的技能水平得到提高，这使得他们能够适应城市工作的需求。与此同时，农村人口的流动也缓解了乡村地区的就业压力，为乡村经济的发展创造了更多的机会。

农村职业教育还有助于改变人们的观念和意识。通过接受职业教育，农村居民更加重视自身的职业发展，意识到通过技术与知识的积累可以改变命运。他们更愿意主动追求机会，积极参与各种社会活动。这种思维方式的改变也促进了农村人口的流动，让更多的农村居民从传统的农业生产中解放出来，投身到更具前景的职业领域中。

三、农村职业教育对生活的影响

（一）影响农村居民收入

农村职业教育作为一种提升就业能力的教育方式，对农村居民的收入水平产生了积极影响。

农村职业教育提供了各种技能培训，使农村居民能够学习到适应农业现代化和工业化发展的知识。通过学习，不仅可以增加劳动生产力，提高农业生产效率，还可以将职业技能应用于非农领域，如服务业、建筑业等。

农村职业教育为农村居民提供了更多的就业机会。传统农业在现代社会的发展面临一些困难，如劳动力过剩、农产品价格波动等。通过接受职业教育的培训，农村居民可以获得就业机会，更容易找到稳定的工作，从而获得更高的收入。

农村职业教育还鼓励和培养农村居民的创业能力，进一步增加他们的收入。通过职业培训，农村居民可以学习到创业管理知识、市场营销技巧等，提高创业能力。同时，相关部门给农村创业提供了一系列支持政策和资金，例如创业培训补贴等。这些举措为农村居民提供了创业机会，有助于他们实现创业梦想，并增加收入来源。

（二）影响生活质量

农村职业教育提高了农村居民的收入水平，进而改善了他们的生活质量。通过接受职业技能培训，农村居民能够获得各种实用技能，如农业种植、养殖、加工等，使他们具备了更多的就业选择。这不仅提高了农村居民的就业率，还提升了他们的收入水平。有了稳定的收入来源，农村居民可以更好地满足自己和家人的生活需求，改善生活质量。

农村职业教育为农村居民提供了提升综合素质的机会，提高了他们的工作能力。农村职业教育注重实践教学，通过实际操作和技能训练，培养农村居民的动手能力。这使得农村居民能够更好地适应市场需求，提高就业竞争力。同时，农村职业教育还注重培养农村居民的创新能力和团队合作精神，使他们能够在工作中更好地与他人协作，提高工作效率。这样，农村居民在工作中能够更好地发挥自己的优势，获得更大的成就，进而提升生活质量。

农村职业教育还为农村居民提供了多元化的教育培训，丰富了他们的知识结构。在农村职业教育的课程中，除了专业技能培训，还包括了丰富的文化教育和兴趣培养内容。通过学习艺术、体育等方面的知识和技能，可以拓宽视野。这不仅提高了农村居民的文化素养，还提升了他们的综合能力，使他们更有自信，更加积极向上。农村职业教育的多元化教育培训，为农村居民提供了广阔的发展空间，提高了他们的生活质量。

（三）影响精神生活

通过农村职业教育，农村居民对自身的价值和能力有了更清晰的认识，增强了自信心。他们能够积极思考、自主决策，对自己的未来有了明确的规划。这种变化使农村居民在精神上获得了巨大的满足感和成就感。

农村职业教育提供了丰富的学习机会和知识技能的培训，使农村居民的思维方式和认知能力得到提升。他们学习了先进技术、经营管理知识等，用科学的方法解决了他们长期面临的问题。这种知识的积累和技能的提高让他们更有自主性和主动性，对生活充满热情。

农村职业教育也通过开展文化活动，丰富农村居民的精神生活。通过参加文学、艺术、体育等活动，农村居民能够感受到美的力量和艺术的魅力，提升审美能力和文化素养。农村职业教育可以促进农村居民之间的交流和合作，建立更加紧密的社交网络。农村居民通过交流和合作，分享经验、解决问题，增进了彼此间的友情，使得生活更加充实和有意义。

（四）促进教育开展

农村职业教育提供了更多的学习机会和多样化的教育内容。传统的农村教育主要注重农业生产技能的培训，农村职业教育则更加注重培养综合素质和专业技能。农村居民通过接受职业教育，可以学习到更多与现代农业、乡村发展相关的知识和技能，为未来就业和创业打下坚实的基础。

农村职业教育提供了更好的职业规划和就业支持。在乡村地区，很多青年面临就业难题，缺乏明确的职业规划和就业机会。农村职业教育通过开设与劳动力市场需求相适应的职业课程，为农村居民提供了更多就业选择，并且配套提供就业指导、就业培训等服务，帮助他们更好地满足就业市场的需求。

农村职业教育还通过提供创业教育，激发农村居民创新创业的热情。在乡村地区，创业是一种重要的途径，可以带动经济的发展和收入的增加。农村职业教育针对农村创业的实际需求，开设了创业教育课程，为农村居民提供了创业知识、技能和支持，激发他们创新创业的热情，促进乡村经济的繁荣。

农村职业教育还通过加强农村居民的素质教育，提升他们的竞争力。农村职业教育注重培养农村居民的实践能力、团队合作能力、沟通交流能力等综合素质，使他们具备更好的适应能力。这不仅有助于提高农村居民的就业率，还为他们今后的职业发展和个人成长奠定了坚实的基础。

第四节　农村职业教育的发展策略

一、优化农村职业教育体系

（一）构建原则

在优化农村职业教育体系的过程中，需要遵循一些基本的构建原则，以保证教育体系的健康发展和高效运行。

1. 政策支持

政策支持是构建农村职业教育体系的基础。相关部门应当加大政策扶持力度，制定有针对性的政策措施，促进农村职业教育的发展。相关部门应当明确政策指导，提供足够的财政支持，为农村职业教育体系的构建提供保障。

2. 资源配置

农村职业教育体系的构建需要充分考虑地区特点和资源情况。在资源有限的情况下，要合理配置，并优化资源利用效果。相关教育部门应当根据不同地区的实际情况，进行调查研究，科学规划资源配置，确保教育资源的有效利用。

3. 内容创新

随着时代的发展和社会需求的变化，农村职业教育应当紧跟时代发展，更新教育内容，打破传统的教学模式，采用多样化的教学方法。应当注重培养学生的实际操作能力，提高他们的技能水平，使其更好地适应现代农村的发展需求。

4. 校企合作

构建农村职业教育体系需要注重与产业发展的结合，加强校企合作。通过与企业建立密切的合作关系，可以实现教育与产业的有机结合，营造更具实践性的教学环境。同时，校企合作也能为农村居民提供更多就业机会和实习机会，帮助他们更好地实现就业和创业的目标。

（二）优化策略

1. 设置多元课程

农村职业教育在课程设置上要充分考虑学生的特点和需求，提供丰富的选修课程，使学生能够根据自己的兴趣和特长选择适合自己的课程。例如，可以开设农业实践课程，帮助学生掌握农田管理、养殖技术等实用技能，同时也可以开设与现代农业发展相关的信息技术、市场推广等课程，提高学生的就业竞争力。

2. 重视合作办学

农村通常有丰富的农产品资源和优势。与企业合作，开展实践教学和实习实训活动，将理论与实践相结合，能够更好地培养学生的实际操作能力和职业素养。此外，与企业合作还能有效了解市场需求，调整学校的课程设置和教学内容，使之更符合就业市场的需要。

3. 完善评价体系

通过建立科学合理的评价体系，能够对学生的学习成果进行客观评估，同时也可以对教学质量进行监控和改进。这包括制定科学的评价标准、建立规范的考试制度、注重实践能力考核等。通过评价体系的建立，能够促使学校和教师更加注重学生的综合素质培养，提高教育质量。

4. 加强教师培训

乡村大多存在着师资力量不足、缺乏现代教育理念和教学方法的问题。因此，加强对农村教师的培训是非常重要的。可以通过开展各类培训班、研讨会等，提升教师的教学能力，优化教师的教学理念和教学方法，使其更好地适应农村职业教育的需要。

（三）实施步骤

1. 科学规划

规划内容应该包括长远的发展目标、具体的实施方案以及相关措施。通过科学合理的规划，我们能够确保农村职业教育的可持续发展。

2. 资源整合

乡村地区的资源相对有限，因此，我们需要将各种资源整合起来，形成合理高效的利用模式。可以通过建立农村职业教育资源的共享平台，促进资源的跨学校和跨地区流动，提高资源利用效率。同时，还可以加强与高等院校、企事业单位的合作，引入和共享他们的实训资源，提升培养效果。

3. 加大投入

农村的经济相对落后，资金相对有限。因此，必须加大对农村职业教育的资金投入，保障教育经费的稳定和持续。可以通过增加相关部门对农村职业教育的经费投入、引入社会资本等方式来解决资金问题。同时，还需要完善财政政策，给予农村职业教育一定的财政支持，确保其持续开展。

4. 服务社会

通过与企事业单位合作，为它们提供专业技术人才和培训服务，帮助它们解决实际问题。还可以开展实践教学和校企合作项目，让学生更好地融入社会、掌握实用技能，提高就业竞争力。

二、加强师资队伍建设

（一）建设现状

一是农村职业教育的师资队伍结构不够合理，教师的教育背景和专业素养存在差异。在农村，职业教育师资的整体水平与其他地区相比存在一定的差距，这直接影响着农村职业教育的质量和效果。

二是农村职业教育的教师数量不足。由于乡村地区人口相对较少且分散，很多农村学校存在师资不足的情况。导致这种现象的原因有多个方面，如师资流动性较低和吸引力不足，以及薪酬待遇的问题等。

三是农村职业教育师资队伍中教师的培训机会和专业发展空间有限。由于乡村的教育资源相对匮乏，教师缺乏接触新知识和技术的机会，导致他们的专业素养难以提升。这也影响了教师们对于创新教学方法的应用和教学方式的改进。

四是师资队伍中的年龄结构不均衡。在农村，部分老师已经超过退休年龄，而新教师的数量较少。这导致农村职业教育师资队伍整体年龄偏大，培养后继人才的压力较大。

总之，农村职业教育师资队伍存在着结构不合理、数量不足、培训机会有限以及年龄结构不均衡等问题。解决这些问题需要采取一系列措施，以提高农村职业教育师资队伍的整体素质和专业水平。如加强教师专业培训、改善待遇和激励机制、吸引优秀人才来农村从事职业教育等。只有通过加强农村职业教育师资队伍建设，才能进一步提高农村职业教育的教学质量。

（二）建设策略

我们要加大对农村职业教育教师的培训力度，提高他们的专业素养和教学能力。培训内容包括教学方法与技巧、职业知识更新与应用等方面，以满足他们在教学实践中的需求。培训还应注重提升教师的教育理论素养，引导他们关注教育研究和教学改革，提高其教学能力。

我们应优化农村职业教育师资配置，确保合理的师生比例和师资结构。这需要加大对农村的师资支持力度，吸引和培养更多具备专业知识和教学经验的优秀教师。要推动跨区域教师交流合作，通过外派教师或引进优秀教师的方式，提高乡村地区教师的整体素质。

加强师德师风建设也是农村职业教育师资队伍建设的重要方面。教师作为职业教育的重要承担者，必须具备正确的教育观念和职业道德。因此，我们要重视教师师德教育，引导教师树立正确的职业操守和教育理念，提升他们的师德修养和职业素养。同时，要加强对师德师风的监督与管理，建立健全教师评价和激励机制，激发教师的积极性和创造力。

（三）实施步骤

1. 制定目标

需要制定明确的师资队伍建设规划，包括短期和长期目标。这些目标应该与农村职业教育的发展需求和政策要求相对应。同时，规划还需要考虑不同学科、专业和教学层次的特点，以确保师资队伍建设的针对性和科学性。

2. 提升能力

在师资队伍建设中，需要加大对教师的学历提升和专业能力培养的支持力度。通过加强教师培训、进修和学习，提高他们的学术研究水平和专业知识，进一步提升他们的教学能力。此外，还应该鼓励教师参与各类学术研讨和教学实践，以丰富他们的专业经验。

3. 评价激励

为了激励教师积极参与师资队伍建设，需要建立科学合理的评价与激励机制。这包括对教师的工作表现和专业发展进行评价，并根据评价结果提供相应的激励，如晋升、薪酬调整、荣誉表彰等。通过这样的机制，可以鼓励教师不断提升自己。

4. 加强合作

农村职业教育师资队伍建设需要与高校和教育研究机构建立紧密合作关系。通过与这些机构合作，可以利用其丰富的资源和教学研究成果，提供培训和指导，为农村教师的专业成长和教学改进提供帮助。

5. 树立师风

师资队伍建设不能只关注教师的学术能力和教学技能，还要注重培养教师的师德师风。建立健全师德师风评价体系，加强对教师的教育与引导，使他们具备高尚的教育情操和职业道德，为学生树立榜样。

通过以上步骤的有序进行，农村职业教育师资队伍的建设将更加有效。这些步骤的实施可以提高教师的教学能力，还能为农村职业教育的发展提供支撑。因此，我们应高度重视并认真执行这些步骤，为农村职业教育的发展做出积极贡献。

三、提高教育质量

（一）需求与挑战

农村职业教育教学质量的提升是当前教育改革的重要任务之一。通过深入调研和分析发现，农村职业教育教学质量存在着一系列的需求和挑战。

其一，社会经济的发展需求。随着乡村经济的快速发展和农村居民收入的提高，对于具备实际技能的人才需求越来越迫切。这就要求农村职业教育教学质量能够与时俱进，紧跟行业发展的步伐，培养适应现代乡村经济需求的高素质技术人才。

其二，学生个人的发展需求。乡村地区的学生大多渴望通过职业教育获得更好的就业机会和发展空间。因此，他们对于职业教育的要求也逐渐提高。只有满足学生的个人发展需求，才能真正提高农村职业教育的教学质量。

然而，要实现农村职业教育质量的提升也面临一些困难。首先，农村的教育资源相对匮乏，师资力量薄弱。由于农村的经济条件相对较差，无法提供足够的优质教育资源和师资力量，这就制约了农村职业教育教学质量的提升。其次，学生的基础素质较弱，面临着学习能力和适应能力的困难。这就需要相关部门采取相应的策略，提高学生的学习能力和适应能力，进一步促进农村职业教育教学质量的提升。再次，还存在着职业教育与产业需求之间的脱节、教育机构培训模式的不适应等问题，都是当前农村职业教育教学质量提升的困难所在。

（二）提升策略

1. 提升教师能力

优秀的教师是推动教学质量提升的关键因素。我们可以通过加大对农村教师的培训力度，提高他们的专业水平和教学能力。此外，我们还可以引进专业人才，与教师开展合作，共同提升教学水平。

2. 优化教学资源

乡村地区的教育资源相对匮乏，这直接影响了教学质量的提升。我们可以通过加大对农村职业教育设施的投入，配备先进的教学设备和实验室，为学生提供更好的学习环境。也要积极引入最新的教学技术和教育资源，丰富教学内容，提升学生的学习效果。

3. 加强规范管理

乡村地区的学生可能面临着经济困难、交通不便等问题，这对他们的学习造成了一定的困扰。因此，我们应该制定培养计划，提供学习和生活的各种支持。同时，也要加强对学生的教育管理，引导他们树立正确的学习态度和价值观，培养他们的自主学习能力和创新精神。

4. 建立合作机制

农村职业教育的目标是为就业做好准备，因此与企业的合作至关重要。我们可以积极联系优秀企业，并与其合作开展实践教学或实习项目，使学生能够更好地了解实际工作环境和要求。此外，还可以与相关部门协力推动政策的制定和实施，为农村职业教育提供更好的支持和保障。

通过以上策略，我们可以有效提升农村职业教育的教学质量。这将为农村居民提供更好的教育机会，帮助他们实现人生目标。

第二章　农村职业教育与乡村人才振兴

第一节　乡村人才振兴概述

一、乡村人才振兴的现状

（一）人才数量与质量

乡村人才数量直接关系到乡村发展的潜力和活力。当前，许多乡村存在人才不足的问题，特别是高水平人才的缺失。一方面，由于经济发展不平衡，乡村地区的发展水平较低，无法提供吸引人才的优质环境和机遇。另一方面，城市化进程加速，许多人才被吸引到城市，导致人才流失严重。因此，乡村人才数量的不足已成为制约乡村发展的问题。

乡村人才质量的情况也不容忽视。乡村发展需要的不仅是数量上的增长，更需要具备一定技术和知识背景的高素质人才。然而，由于乡村教育和培训资源的匮乏，乡村地区的人才培养存在较大的难度。部分人才的整体素质水平较低，缺少创新思维和实践能力，限制了乡村发展的潜力。

为解决乡村人才数量与质量的问题，需要制定科学合理的人才振兴策略。首先，要加大对乡村人才的培养力度。通过加强教育资源配置，提升乡村学校和培训机构的教育质量，培养具备实际操作能力和技术创新能力的乡村人才。其次，要加强对乡村人才的吸引和留用。通过提供更好的发展机会、工作环境和待遇，吸引高层次人才回归乡村，同时加强对乡村人才的留用政策和机制建设，使他们在乡村有更好的发展空间。

（二）乡村人才流失

乡村人才的流失对于乡村经济、社会发展产生了不可忽视的影响。乡村人才流失导致了乡村人力资源的减少。许多有才华、有技能的年轻人选择离开乡村，前往城市寻求更好的发展机会。这导致了乡村人才的流失，加剧了农村劳动力空心化现象，给乡村的经济活力和社会发展带来了影响。

乡村人才流失还造成了乡村发展不平衡的问题。由于乡村人才流失，许多乡村地区面临着人才匮乏的情况，无法充分发挥自身的潜力。相比之下，城市吸引了大量的人才资源。乡村地区缺乏人才的支持，难以实现经济的转型升级，限制了乡村经济的发展。

乡村人才流失问题的存在，主要是由于乡村吸引力的不足。乡村地区的资源条件与城市相比存在一定差距，缺乏良好的经济发展条件和公共服务设施。此外，缺乏吸引人才的就业机会和职业发展路径，也是乡村人才流失的一个重要原因。当乡村无法给年轻人提供一个良好的工作和生活环境时，他们更倾向于离开乡村，从而寻找更好的发展机会。

为了解决乡村人才流失的问题，需要采取一些措施。首先，要加大对乡村地区的投入，提升乡村地区的基础设施建设和公共服务水平，提供良好的生活和工作条件，增强乡村吸引力。其次，要加强乡村人才培养和引进工作，建立乡村人才的培养机制和流动渠道，以满足乡村发展对人才的需求。再次，要重视乡村人才的职业发展和待遇问题，提供更多的职业发展机会和薪酬福利，吸引和留住乡村人才。

（三）乡村人才培养体系

在乡村人才振兴的进程中，乡村人才培养体系的建立具有十分重要的作用。乡村人才培养体系是指为培养和输送乡村人才而建立的一套完整的制度和机构体系，乡村人才培养体系包括培养乡村人才的各类教育和培训机构，以及相应的教学内容、师资队伍和管理体制等。

1. 科学规划设计

这包括明确乡村人才培养的目标和需求，制定相应的培养计划和课程内容，以及规划培养机构和资源配置等。这样可以确保培养出符合乡村发展需要的人才，满足乡村发展的实际需求。

2. 持续改进创新

乡村的发展需要与时俱进，因此，乡村人才培养体系也需要与时俱进。这需要不断引入新的教育理念和方法，将先进的科学技术与实践经验融入培养过程中，提高培养的质量和效果。同时，还要鼓励创新创业，培养乡村人才具备创新能力和实践能力。

3. 健全评价体系

评价体系是对乡村人才培养效果进行综合评估的重要工具，可以帮助发现培养过程中的不足和问题，及时采取改进措施。因此，应该建立科学、公正、客观的评价指标和评价方法，以确保评价结果的准确性和可靠性。

4. 加强合作交流

乡村人才的培养不是一个孤立的过程，需要各种资源和力量的支持。因此，在建立乡村人才培养体系的过程中，应该积极促进各方的合作与交流，促进资源共享和优势互补。这可以通过与高校、研究机构、企业等相关单位合作，共同开展乡村人才培养项目和活动，实现资源共享和共同发展。

二、影响乡村人才振兴的因素

（一）经济发展情况

乡村地区的投资环境相对薄弱，缺乏投资机会和条件。这使得乡村难以吸引外部投资和创新项目，限制了人才的发展。

乡村地区的市场需求相对较小，消费水平相对较低。由于人口基数较小，以及市场规模较小，难以支撑起高端产品的需求。这限制了乡村的产业升级，也制约了人才的创业潜力。

随着近年来乡村振兴战略的实施，乡村经济发展情况正在逐渐得到改善。相关部门加大了对乡村地区的投资，加强了基础设施建设和公共服务的提升。通过引导和扶持合作社、农业产业化经营等，促进了乡村经济的多元化发展。

乡村人才振兴的目标之一是要推动乡村经济的融合发展和创新驱动。在乡村经济发展情况改善的基础上，我们应当进一步加强乡村产业结构的调整和优化，推动乡村产业与城市产业的融合发展。通过培育和吸引高端技术、专业人才等，加强科技创新在乡村经济中的应用，提升乡村经济的竞争力和可持续发展能力。

（二）乡村文化影响

乡村文化的传承和发展直接影响着乡村人才的培养和振兴。乡村文化的多样性为乡村人才的成长提供了丰富的学习资源。通过了解和参与文化活动，乡村人才能够增长见识、培养情感认同，提升个人素质和综合能力。

乡村文化对乡村人才的价值观和人生观产生着深远的影响。乡村文化强调家庭、乡土的重要性，乡村人才在这样的文化环境下成长，对于家乡情怀、家庭责任等价值观念有着独特的理解。这种价值观的塑造不仅影响着乡村人才的行为方式和责任担当，也促进他们积极参与乡村振兴。

乡村文化还有助于培养乡村人才的创新思维和创业精神。乡村文化中蕴含着丰富的智慧和经验，这些宝贵的资源为乡村人才提供了思维的启发和创业的动力。乡村文化的传承与创新，不仅能够激发乡村人才的创造力和创新意识，也为他们提供了更多创业机会和平台。乡村文化对于培养和吸引有创业潜质的人才起到了重要的促进作用，为乡村人才振兴提供了重要支撑。

因此，我们应该加强对乡村文化的保护和传承，认识到乡村文化的重要性，提高乡村人才的整体素质和专业能力，为乡村振兴注入新的活力和动力。

三、乡村人才振兴的目标

（一）数量目标

乡村人才振兴的数量目标要体现数量的增长。随着城市化进程的加速，大量农村劳动力外流，给乡村人才资源造成了较大流失。因此，乡村人才振兴的数量目标应该将人才流失控制在合理范围内，实现乡村人才数量的稳步增长。这需要加大对乡村人才的培养和引进力度，为乡村提供更多的发展机会，吸引更多人才回归乡村。

乡村人才振兴的数量目标还需要关注人才结构的优化调整。乡村人才的结构不合理是制约乡村发展的重要因素之一。在乡村人才振兴的过程中，应当注重引进和培养不同领域、不同层次的人才，以满足乡村发展的多样化需求。只有在人才结构合理的基础上，才能实现乡村振兴的目标。

乡村人才振兴的数量目标需要强调高质量发展。仅仅追求数量的增长是不够的，更重要的是注重人才的质量。乡村人才振兴应该抓住关键人才培养，提高人才的综合素质和创新能力，使其能够适应乡村发展的需求，为乡村振兴注入动力。

乡村人才振兴的数量目标还应该与乡村产业发展相结合。在乡村振兴战略中，乡村产业发展是实现乡村振兴的重要手段。因此，乡村人才振兴的数量目标应该与乡村产业发展紧密结合，因地制宜培养和引进与乡村产业相适应的人才，推动乡村产业的转型升级。

（二）结构目标

乡村人才振兴的结构目标是指在乡村人才队伍建设中，更加注重构建合理的人才结构，以适应乡村发展的需要。

1. 组建人才队伍

乡村人才振兴需要不同层次、不同领域的人才支持，包括决策人才、技术专家、创业带头人等。这样的多层次、多领域的人才队伍能够满足乡村发展的各项需求，推动乡村全面振兴。

2. 注重人才引进

在乡村人才振兴中，农业科技人才起着重要的作用。他们能够借助科技手段提升农业生产效率，促进农业现代化发展。因此，乡村人才振兴的结构目标应该注重引进农业科技人才，提升农业科技水平。

3. 重视人才培养

乡村的发展不仅需要经济发展和科技创新，还需要有文化艺术、教育卫生等领域的人才支持。这些专业人才能够丰富乡村文化内涵，提升乡村软实力。因此，乡村人才振兴的结构目标还需要重视专业人才的培养。

4. 推动互补发展

乡村人才振兴需要充分发挥城市人才的作用，吸引城市人才回乡创业和服务。同时，也要打破对立，促进城乡人才的互相交流和合作。这样能够实现城乡一体化的人才发展，提升乡村人才振兴的整体水平。

（三）质量目标

乡村人才振兴的质量目标是指提高乡村人才的素质和能力，以适应乡村发展的需求并推动乡村振兴战略的实施。

1. 提高综合能力

这不仅包括专业知识和技能的提高，还涉及创新能力、领导力、沟通能力等综合素质的培养。通过加强培训、教育和人才流动等措施，使乡村人才具备适应不同岗位和任务的能力，为乡村振兴提供强有力的支持。

2. 优化人才结构

乡村发展需要不同层次、不同专业背景的人才，因此，要在乡村人才振兴的过程中注重调整人才队伍的结构，促进不同领域、不同层级的人才能够合理配置。同时，要加强对乡村人才的引进和留用，吸引更多有能力、有潜力的人才参与到乡村振兴的工作中。

3. 提升综合素质

在乡村振兴过程中，农村居民作为乡村的主体，其自身素质的提高对乡村振兴具有很大的影响。因此，要注重农村居民教育和培训，提高农村居民的文化素养、科技素质和创业能力。同时，还要加强居民组织建设，培养领导力和组织能力，提升农村居民的服务能力。

4. 组建服务团队

乡村振兴战略实施过程中，需要有一支具备专业知识和技能的乡村服务团队，能够提供全方位、多层次的支持和帮助。因此，要加强对乡村服务人才的培养和引进，建立健全乡村服务体系，提高乡村服务的品质和水平。

（四）维度目标

乡村人才振兴的维度目标是指在实施乡村人才振兴战略过程中，通过多元化的手段和措施来实现多方面的目标。乡村人才振兴的维度目标主要包括文化维度目标、经济维度目标、社会维度目标和生态维度目标。

文化维度目标是乡村人才振兴的重要方面。在文化维度上，我们应该致力于传承和弘扬乡村优秀传统文化，培养乡村人才的文化自信。例如，我们可以加强对乡村文化遗产的保护和传承，促进乡村文化艺术的繁荣发展，为乡村人才提供良好的文化氛围。

经济维度目标是乡村人才振兴的重要方向。我们要关注乡村经济的发展，创造更多的就业机会和发展空间，吸引乡村人才回归创业，推动乡村经济的转型升级。例如，我们可以建设产业园区，引进高新技术企业，发展乡村特色产业，为乡村人才提供更多的就业机会和创业平台。

社会维度目标是乡村人才振兴不可或缺的一部分。在社会维度方面，我们应该注重提高乡村人才的待遇，为他们提供良好的社会保障。例如，我们可以加强农村人才政策的制定和实施，推进乡村人才评价制度的改革，为乡村人才提供更多的发展机会。

生态维度目标是乡村人才振兴中必须重视的一个方面。我们要注重保护乡村的生态环境，创造良好的生态条件，为乡村人才提供宜居的生活环境。例如，我们可以加强乡村环境的整治和生态建设，提倡绿色出行和低碳生活方式，营造乡村人才返乡创业的良好生态环境。

通过实现这些目标，我们可以促进乡村人才的全面发展，实现乡村振兴。在具体实践中，我们应该注重整体协调，坚持因地制宜，注重可持续发展，为乡村人才振兴提供坚实的基础。

四、乡村人才振兴的意义

（一）推动乡村经济发展

乡村人才振兴对乡村经济发展具有重要的推动作用。首先，乡村人才的培养和引进可以为乡村经济注入新的发展动力。人才是乡村经济发展的核心要素，他们具备创新能力、专业技能和管理经验，可以促进乡村经济的创新发展。其次，乡村人才振兴可以推动产业结构升级和农业转型升级。随着乡村经济结构的转变，需要有更多具备科技应用能力的人才来推动农业的现代化和智能化发展。这些人才可以帮助乡村实现从传统农业到现代农业的转变，提高生产效率和农产品质量，推动乡村经济实现可持续发展。再次，乡村人才振兴可以促进乡村产业发展和乡村企业的壮大。乡村人才具备创业精神和创新能力，他们可以带动乡村企业的发展，推动乡村产业的升级。通过引进和培养乡村人才，可以吸引更多的投资进入乡村，促进乡村产业的发展繁荣。

然而，在推动乡村经济发展的过程中仍然存在一些问题。首先，乡村人才的培养和引进需要建立健全相关机制和政策支持。乡村人才培养需要加强教育资源的配置，提供优质的教育资源和培训机会，培养多层次、多领域的乡村人才。引进人才需要制定相应的政策，提供良好的生活和工作条件，吸引他们到乡村发展。其次，乡村经济发展需要改善基础设施建设和公共服务水平。乡村人才振兴需要依托良好的基础设施和公共服务，包括交通、通信、医疗、教育等方面，为乡村经济发展提供有力支持。再次，乡村人才振兴需要加强乡村治理和创新相关机制。乡村人才振兴涉及多个领域和多个主体，需要建立合理的组织结构和决策机制，形成协同合作。最后，还需要完善激励机制和保障制度，提高乡村人才的创新能力。

（二）对乡村社区建设的影响

乡村社区是农村居民生活和社交的重要场所。通过乡村人才的振兴，可以对乡村社区建设产生积极的影响。乡村人才振兴可以带动乡村社区建设的改善。有了更多的高素质人才，乡村社区在设施建设和公共服务方面将得到加强。例如，通过引进乡村人才，乡村社区可以建设更完善的医疗卫生系统，提供更便捷的交通网络，改善教育资源等，从而提高居民的生活质量。

乡村人才振兴对乡村社区的经济发展起到了重要的促进作用。乡村社区的发展需要经济的支持。乡村人才的振兴可以为乡村社区带来更多的创新和发展机会。通过乡村人才的创业和技术支持，乡村社区的产业结构和经济模式可以得到改善和升级。乡村人才的专业知识和经验也可以为乡村社区的产业发展带来新的动力，推动乡村经济蓬勃发展。

乡村人才振兴也对乡村社区的文化建设和社会环境产生积极的影响。乡村社区作为农村居民的生活和交流场所，需要有浓厚的文化底蕴和良好的社会环境。乡村人才振兴可以为乡村社区注入新的文化元素，并推动乡村社区的文化建设。乡村人才的创新精神可以促使乡村社区开展丰富的文化活动，提升农村居民的文化素质。乡村人才的价值观和社会责任感也会影响居民的行为和社会互动，促进社会和谐发展。

因此，乡村人才振兴不仅对乡村社区自身发展有着积极的影响，也为整个乡村地区的发展和进步作出了重要贡献。

（三）乡村人才自我价值的实现

乡村人才振兴的最终目标是为了实现乡村人才的自我价值，促使他们在乡村发展中发挥更重要的作用。乡村人才自我价值的实现不仅对个人有益，也对乡村经济发展产生积极的影响。

乡村人才自我价值的实现可以为乡村经济发展提供动力。随着人才的回归，乡村的创业环境和创新氛围也将得到改善。乡村人才的创业活动将促进传统农业模式向现代农业模式的转变，推动乡村产业结构的优化升级。他们将带来先进的农业技术和管理经验，提高农产品的产量和质量，进而提高乡村经济的竞争力。

乡村人才自我价值的实现还将对乡村社区建设产生深远的影响。乡村人才是乡村社区发展的重要支撑力量，他们具备丰富的专业知识和社交能力，可以为乡村社区提供更多的建议。乡村人才的回归将增加社区组织的活力，推动社区治理能力的提高。他们可以带来新的管理理念和管理方式，促进社区的创新发展。乡村人才的回归也会吸引更多的资源和资本流入乡村社区，进一步改善社区基础设施，提升居民的生活品质。

乡村人才自我价值的实现对其个人来说也具有重要意义。乡村人才振兴为乡村人才提供了更多的机会和空间，使他们能够实现自己的梦想和价值。回归乡村让他们更接近自然，享受安静的生活，同时又能为家乡做出贡献。乡村人才通过自己的努力，可以在乡村发展中获得更多的认可，实现自身的职业发展目标。

总之，乡村人才自我价值的实现对乡村经济、乡村社区和个人都具有重要意义。我们应充分重视人才的培养和引进，为他们提供更多的发展机会和条件。只有让乡村人才实现自我价值，乡村人才振兴才能真正落地生根，为乡村发展注入源源不断的动力。

第二节　农村职业教育与乡村人才振兴的关系

一、乡村人才振兴问题与对策

（一）乡村人才振兴的问题

乡村人才流失的现象仍然比较严重。由于经济不发达、教育和工作机会缺乏等原因，许多有潜力的人才选择离开农村去谋求更好的发展机会。这导致了农村人才资源的损失，影响了乡村振兴的速度和质量。

乡村人才培养体系存在不完善的问题。当前，农村职业教育还存在着课程设置不合理、师资力量不足、教育资源分布不均等困难，这导致了学生的综合素质难以得到充分提高。乡村教育资源的匮乏限制了人才的培养和挖掘，也制约了乡村人才振兴的进程。

乡村人才振兴面临着经济的困境和就业机会的缺乏。农村的经济发展相对滞后，就业机会有限。这使得乡村人才面临就业难、薪资待遇低等问题，在择业方面往往选择离开农村，导致人才流失。乡村经济的困境以及就业机会的缺失，直接影响了乡村人才的留用，制约了乡村的发展。

（二）乡村人才的培养

在制定乡村人才培养策略时，需要考虑具体的培养需求、培养内容和培养方式。

要根据乡村发展的需要和人力资源情况，明确乡村人才的培养需求。通过调研和分析，了解乡村经济结构和产业发展特点，确定乡村人才的专业方向。

乡村人才培养应注重培养内容的针对性和实效性。在课程设置方面，应结合乡村特点，注重培养学生的实际应用能力和创新创业精神。培养内容可以围绕农业技术、经济管理、社会服务等方面展开，为乡村人才提供全面的知识和技能培养。

在培养方式上，应注重实践教学和产学合作。乡村人才的培养不能仅停留在书本知识上，要注重实践能力的培养。通过实地实习、实验实训、社会实践等方式，让学生参与农村发展实践，提高解决问题的能力和应对挑战的能力。同时，与相关产业和企业建立紧密的合作关系，开展产学研合作项目，促进学生的实际技能和职业素养的提升。

乡村人才的培养还需关注师资队伍建设和政策支持。提供师资培训和技能更新机会，激励教师关注乡村人才培养工作并提供有效的指导。同时，应加大对乡村人才培养的政策支持，鼓励各方力量参与其中，提供经费和资源保障。

二、农村职业教育与乡村人才振兴的关联

（一）农村职业教育对乡村人才振兴的影响

农村职业教育作为一种重要的培养乡村人才的教育形式，在乡村人才振兴中发挥着积极作用。

1. 培养优秀人才

乡村发展需要各种技能，农村职业教育通过系统的课程设置和专业培训，使学生能够掌握农业生产、经营管理、社会服务等方面的实践技能。这些人才的涌现为乡村产业发展提供了有力的支持，推动了乡村经济的蓬勃发展。

2. 提供发展机会

相比于传统的教育形式，农村职业教育注重实用性和职业导向，为学生提供了更多的升学及就业选择。通过农村职业教育，学生可以选择继续学习，进入高等院校深造，或者参加技能培训，获得相关职业技术证书。这为乡村人才振兴提供了更广阔的发展平台，增加了他们的就业竞争力。

3. 促进创新创业

创新创业是乡村人才振兴的重要路径和手段，而农村职业教育正是培养乡村创新创业人才的重要方式。通过农村职业教育的培养，学生能够获得创业管理、创新思维、项目策划等方面的培训和指导，提高他们的创新和创业能力。这不仅有助于激发学生的创业潜能，也为乡村产业发展注入了新的活力。

在今后的工作中，应继续加大对农村职业教育的投入，不断完善相关机制，推动农村职业教育与乡村人才振兴的深度融合。

（二）乡村人才振兴的需求

乡村人才振兴需要农村职业教育提供高质量的技能培训。随着农业生产形式的不断变化和乡村产业结构的转型升级，对各类专业技能的需求也在不断增加。农村职业教育应紧密结合乡村产业的需求，开设与之相关的专业课程，为乡村人才培养提供实用的职业技能。

乡村人才振兴需要农村职业教育提供创新创业能力的培养。在乡村振兴战略中，创新创业已被认定为推动农村发展的关键要素。因此，培养学生的创新创业能力成为农村职业教育的重要任务。农村职业教育应加强创业教育，提供创业知识和技能的培训，引导学生理解创新创业的重要性，激发其创业意识，帮助他们在创业过程中克服各种困难。

乡村人才振兴还需要农村职业教育提供全方位的综合素质教育。乡村人才振兴要求乡村人才具备全面发展的素质和能力，不仅需要掌握专业技能，还需要具备良好的

人文素养、创新思维和团队合作意识等。因此，农村职业教育应注重培养学生的综合素质，开展综合性课程和活动，提供综合素质教育的机会，帮助学生全面发展，增强其适应社会发展和乡村振兴的能力。

（三）互动关系

农村职业教育作为培养乡村人才的主要途径，为乡村人才振兴提供了坚实的基础。通过提供实用的职业技能培训，农村职业教育使乡村人才具备了适应农村发展的实际能力。乡村人才振兴需要大量的技术人才、管理人才和创新人才，农村职业教育正是为培养这些人才而设立的。因此，农村职业教育的发展与乡村人才振兴密不可分。

乡村人才振兴对农村职业教育的开展起到了推动作用。乡村人才振兴需要有扎根于基层的人才队伍，这就要求农村职业教育紧密结合当地的实际情况，提供与乡村产业发展相适应的课程和培训项目。乡村人才振兴对农村职业教育的目标提出了新的要求，要求农村职业教育更加注重实践能力的培养，注重培养乡村特色产业所需要的专业人才。因此，乡村人才振兴是发展农村职业教育的强大动力。

农村职业教育与乡村人才振兴之间的互动关系还表现在政策的影响方面。乡村人才振兴要求加强农村职业教育的开展，将教育资源倾斜到农村职业教育领域，提供政策和经济支持，进一步促进农村职业教育的发展。同时，农村职业教育的优化和升级也为乡村人才振兴提供了充足的人才支持。农村职业教育的不断发展，将为乡村人才振兴提供动力。

（四）相互影响

农村职业教育的发展为乡村人才振兴提供了重要保障。农村职业教育机构为乡村培养、输送了大量的专业人才。这些人才去到乡村从事农业、农村工作，为乡村振兴注入了活力。他们将所学知识与技能应用于实践，并结合资源优势和市场需求，帮助农村实现产业升级、技术创新等方面的发展。

乡村人才振兴对农村职业教育提出了更高的要求。随着乡村振兴的深入推进，乡村对人才的需求日益增长。而农村职业教育恰好能够满足这一需求。乡村振兴需要具备农业生产技术能力，掌握现代管理知识、市场营销技巧等综合素质的人才。农村职业教育通过各类专业课程和实训基地的建设，为培养具备多方面能力的人才提供了有力支撑。在这种推动下，农村职业教育迎来了更好的发展机遇。

农村职业教育与乡村人才振兴之间存在着密切的互动。乡村人才振兴是基于人才的培养和引进而展开的，农村职业教育则是实现乡村人才振兴的重要途径。在乡村振兴战略中，农村职业教育机构与企业、社会组织等紧密合作，共同推动人才培养。这种互动有利于不断优化农村职业教育的内容和形式，使其更符合人才需求，并能更好地满足乡村发展的需要。

第三节　农村职业教育赋能乡村人才振兴

一、职业教育路径

（一）职业教育路径的选择

在职业教育中，选择合适的职业教育路径是非常重要的。

1. 注重实践教育

职业教育路径的选择应该强调实践操作能力的培养。通过给予学生更多的动手操作的机会，能够使他们对所学知识更加深入理解，并将其应用于实际工作中。实践教育可以通过实训、实习等方式来实现，让学生在真实场景中锻炼自己的技能，并不断提升。

2. 培养综合素质

职业教育路径的选择需要注重培养乡村人才的综合素质。乡村的工作环境多样，要求人才在各个方面具备综合能力。因此，除了专业技能的培养，乡村人才还应该具备良好的沟通能力、团队协作能力、创新思维等综合素质，以满足未来乡村发展的需求。

3. 注重个性发展

不同学生的学习需求和兴趣爱好存在差异，因此职业教育路径的选择应该考虑学生的个性化学习。通过提供不同的教学资源和学习方法，满足不同学生的学习需求。同时，也可以借助信息技术，提供在线学习平台，让学生可以根据自身的时间灵活安排学习。

4. 加强职业指导

职业教育的目标是培养技术型人才，使他们能够在乡村发展中发挥作用。选择合适的职业教育路径需要有明确的职业导向，结合乡村发展的趋势和需求，为学生提供具有前瞻性的职业规划和指导。在教育过程中，可以引导学生了解乡村产业的发展情况、就业机会、创业支持政策等，帮助他们明确职业目标，并提供相应的培训和指导。

（二）实施步骤

1. 需求调研

充分了解乡村的产业结构、就业市场需求以及未来发展趋势，能够为职业教育路径的制定提供重要参考。这样，我们可以根据需求的不同来制定不同的职业培训方案，以满足职业教育的实际需要。

2. 建立机制

乡村的特点和需求与城市不同，教育资源的不平衡是一个制约因素。因此，我们需要建立健全职业教育机制，包括职业学校的设立和发展，师资队伍的建设，教育资源的合理分配等。只有通过系统性的机制建设，我们才能促进职业教育的顺利开展。

3. 职业培训

乡村的产业和就业需求常常与实际操作技能密切相关，因此，将实践能力培养纳入职业教育是非常重要的。通过组织社会实践、实习实训等方式，帮助乡村人才真正掌握实际操作技能，并将其运用到实际工作中。这不仅有助于乡村人才的就业，还能提高农业的生产效率和乡村的经济发展水平。

4. 创新发展

职业教育不仅要培养乡村人才的职业技能，还需要培养其创新思维和创业能力。创新是推动乡村发展的核心驱动力，职业教育应该注重培养乡村人才的创新意识和创业精神。通过开展创新教育和创业培训，我们可以激发乡村人才的创新潜能，推动乡村的经济转型和可持续发展。

二、创新职业教育模式

（一）创新思维的重要性

创新思维能够让乡村人才具备适应复杂环境的能力。农村的发展面临着多样化的挑战和问题，需要乡村人才具备解决问题的能力和判断力。创新思维使乡村人才在面对复杂问题时，能够灵活思考，迅速找到有效解决方法。

创新思维能够激发乡村人才的创新潜能。创新是推动社会进步和乡村振兴的重要动力，通过培养创新思维，可以激发乡村人才的创新意识和创新能力。乡村人才在拥有创新思维的基础上，能够提出新的理念和方法，推动产业的升级和技术的创新。

创新思维也能提高乡村人才的问题解决能力。乡村发展中常常面临各种各样的问题，如农产品销售困难、乡村旅游开发的难题等。创新思维使得乡村人才能够在解决问题时，不受传统思维的束缚，而采用更加灵活、独特的方法，取得更好的成果。

因此，针对乡村人才的职业教育必须注重培养创新思维。在教育过程中，可以通过开展创业实践活动、组织创新设计竞赛、鼓励学生进行创新思考等方式来培养乡村人才的创新思维能力。同时，也要注重培养乡村人才的问题解决能力，通过课程设置和实践教学等，让学生能够在实际工作中运用创新思维来解决问题。

（二）培养创新思维的方式

乡村人才在面对日益复杂的社会和经济环境时，需要具备灵活应对和创新解决问题的能力，以促进农村可持续发展。

在职业教育中，创新思维的培养需要采取有效的方式。我们可以通过激发学生的求知欲望来培养创新思维。在教学过程中，引导学生主动提问、研究问题，并鼓励他们积极参与实践活动，从而培养他们主动思考、质疑和探索的能力。例如，在职业教育的实践环节中，可以组织学生参与农村实践项目，让他们体验实际操作，从中发现问题并寻找解决办法。

创新思维的培养需要倡导多元化的学习方式。传统的教学方法过于注重知识的传授，导致学生缺乏主动思考和解决问题的能力。因此，在职业教育中，应鼓励学生参与团队合作、项目学习以及实践活动，培养他们的合作与创新能力。例如，可以组织学生参与农村发展规划项目，让他们在团队中承担具体任务，从而培养他们分析问题、提出创新解决方案的能力。

创新思维的培养需要注重提高学生的跨学科能力。农村发展问题往往是复杂的，需要从不同领域的知识中获取灵感和解决思路。因此，在职业教育中，应该打破学科界限，鼓励学生跨学科学习和交流。例如，可以在课堂中引入跨学科案例分析，让学生从经济、社会、环境等多个角度思考农村发展问题，并提出创新的解决方案。

（三）创新职业教育模式的措施

1. 建立培训体系

职业教育培训体系应该包括从基础科学知识到实际应用技能的全面培训，让学生在实践中获得丰富的经验和技能。例如，可以设置实践教学基地，提供真实的实践环境和场景，让学生参与乡村发展中的实际工作，并通过实际操作来巩固和提高他们的职业技能。

2. 推动共享合作

在部分乡村，教育资源的匮乏是一个亟待解决的问题。为了提供更好的教育条件，可以通过与教育机构合作，充分利用优质教育资源，为学生提供更好的学习环境和学习机会。同时，也可以借助网络技术，实现教育资源的远程共享，为学生提供高质量的教学内容和教学方式。

3. 培养创新意识

创新是乡村振兴的重要推动力量。因此，在职业教育的实施中，需要注重培养学生的创新意识和创新能力。可以通过开设创新创业课程，引导学生独立思考、寻找问题、解决问题，并提供实践机会，让学生能够充分发挥自己的创造力和想象力。

4. 理论结合实践

职业教育模式的创新不能仅停留在理论层面，还需要注重实践与理论的结合。在教学过程中，可以采用案例分析、项目实训等方法，让学生将所学知识应用到解决实际问题中，培养学生的实际操作能力和创新能力。

三、人才发展路径

（一）农村职业教育的发展需求

农村职业教育需要与乡村产业发展紧密结合。乡村产业的发展对人才的需求和技能要求不断变化，农村职业教育应该及时了解乡村产业发展的新趋势，调整和更新课程设置，完善技能培训体系，以适应乡村产业结构的升级，为乡村发展提供有力的人才支持。

农村职业教育需要加强与企业、相关行业的合作，建立实践教学基地，提供更多实践机会。通过与企业深入合作，农村职业教育可以了解企业对人才的需求，及时调整教学内容和方法，培养出符合企业需求的高素质人才。通过实践教学基地的建设，学生可以接触真实的工作环境，锻炼实际操作能力，提高就业竞争力。

农村职业教育需要注重创新思维的培养。乡村发展不仅需要人才具备专业技能，还需要具有创新精神和创业意识。农村职业教育应该积极培养学生的创新思维能力，开展创业教育，培育出具有创新意识和创业能力的人才，为乡村创新发展提供人才支撑。

农村职业教育需要提高教师队伍的素质和能力。教师是农村职业教育的关键，他们既是知识的传授者，又是学生的引路人。因此，农村职业教育需要加大教师培训力度，提升教师的专业素质和教学能力，让他们能够更好地适应农村职业教育的发展需求，为学生提供更优质的教育服务。

因此，只有满足这些需求，农村职业教育才能更好地为乡村人才的培养和乡村发展做出积极贡献。

（二）促进人才发展的方式

在推动乡村人才发展的过程中，职业教育起到了关键作用。通过职业教育，可以培养和提高乡村人才的专业技能，增强其在就业中的竞争力。

通过开设适应乡村发展的职业教育课程，提供实用的技能培训。乡村的发展需求与城市的发展需求有所不同，需要具备一定的农业、乡村经济管理等方面的知识和技能。因此，职业教育机构应根据实际情况，调整和优化课程设置，将农村发展所需的技能纳入培训范围，满足乡村人才的需求。

采用实践教学的方式，加强操作能力的培养。农村发展需要具备丰富的实际操作经验，仅依靠理论培训是远远不够的。因此，职业教育应该注重实践教学的开展，让学生有机会参与农村工作，学习和掌握实际操作技能，为更好地促进乡村发展提供人才支持。

　　加强与企业和合作社的合作，提升乡村人才的工作能力。与相关企业和合作社合作，可以为乡村人才提供实践平台，让他们在实际工作中不断学习与成长。同时，合作办学还能够促进产学研紧密结合，推动农村创新发展，培养乡村人才的创新思维和实际工作能力。

　　加强乡村人才的综合素质培养，提高其社会责任感和创新能力。乡村人才的培养不仅局限于技术与实践能力，还需要注重综合素质培养。通过职业教育，可以培养乡村人才的团队协作能力、沟通能力、创新思维等综合素质，使其更好地满足乡村的发展要求。

（三）具体措施

　　在农村职业教育的开展过程中，为了促进乡村人才的发展，需要采取一系列有效措施。

　　在建设农村职业教育体系的过程中，应该注重人才培养的质量和实效性。这意味着要确保教育内容与市场需求相匹配，切实提高学生的职业技能水平，使其能够适应农村发展的需要。

　　在推动农村职业教育发展的过程中，需要加强与相关产业的对接。通过与乡村产业结合，可以为学生提供更多的实践机会和实际工作经验，培养他们解决问题的能力和创新思维。例如，开展实地考察和实习，使学生能够真正了解农村现实情况并提高操作技能。

　　为了促进乡村人才的发展，需要加大对农村职业教育的投入。相关部门应该增加资金投入，提供更多的教育资源和机会，改善农村学校的教育条件和设施。同时，还应该加强对教师的培养，提高他们的教学水平和专业素养，为学生提供更好的教育环境和指导。

　　我们还应该注重农村职业教育的可持续发展。在制定相关政策或计划时，应该考虑资源的稳定提供、师资队伍的建设和学校设施的维护等问题。只有保持长期稳定的发展，才能确保农村职业教育可持续性开展。

第三章 农村职业教育与乡村产业发展

第一节 乡村产业发展概述

一、产业的基本内涵

（一）产业的定义

产业是一个广泛的概念，主要指的是一系列相关的经济活动，包括生产、销售、分配等过程。产业是经济体系的重要组成部分，通过提供产品和服务来满足人们的需求。

产业还可以从不同角度进行解释。在经济学中，产业可以理解为一组相互关联的企业，它们按照一定规模和组织形式进行生产活动。这些企业之间存在着供应链关系，相互依赖和合作，形成了产业集群。

从宏观经济角度来看，产业是经济的支柱，是社会发展的重要驱动力。产业的发展水平和结构对经济增长、就业和收入分配具有重要影响。产业的发展也能带动其他相关行业的发展，形成良性的产业链，促进经济水平整体提升。

（二）产业的分类

根据产业的性质、功能、产品特点、生产过程等进行分类，可以归纳出不同类型的产业。

1. 按照产业链划分

产业链是指从原材料采集到最终消费，再到废弃物处理的整个生产流程。按照产业链的不同环节，产业可以划分为原材料产业、制造业、运输业等。原材料产业主要从自然界获取原材料，如农业、采矿业等；制造业则将原材料进行加工和生产；运输业负责将产品从制造地运输到销售地。

2. 按照产业功能划分

根据不同的产业功能，可以将产业划分为基础产业、制造业和服务业。基础产业是指对其他产业提供原材料和基础设施的产业，如农业、能源业、建筑业等；制造业是指将原材料加工转化为成品的产业，如电子制造业、汽车制造业等；服务业是指为人们提供各种服务的产业，例如金融服务、旅游服务等。

3. 按照生产方式划分

在不同的生产方式下，产业的分类也存在差异。传统产业和新兴产业是按照产业的发展阶段划分的，传统产业主要依靠传统的生产工艺和技术，新兴产业则侧重于创新和高技术的应用。此外，现代产业还可以根据产业的绿色化程度进行分类，即将产业划分为传统污染型产业和绿色环保型产业。

通过对产业进行系统的分类，可以有助于我们进行产业发展的分析和预测，为产业政策的制定提供参考依据。

二、乡村产业的基本概念

（一）乡村产业的界定

乡村产业是指在农村进行生产、加工、流通和服务的各类经济活动。它是乡村经济的重要组成部分，也是推动乡村发展、促进农民增收的关键。

从经济角度来看，乡村产业是指农村的各种经济活动，包括农业生产、农产品加工、农产品流通、农村旅游等。乡村产业的发展不仅提供了就业机会，增加了农民收入，同时也促进了经济的发展，推动了农村基础设施和公共服务的改善。

从区域发展角度来看，乡村产业是农村地区实现产业转型升级的重要途径。传统的农业生产已经难以满足人们的需求，乡村产业的发展可以引导农民转变思维，改变传统的生产方式，开展多元化的产业经营。通过乡村产业的促进，可以实现农村经济的多元化，提升农民的收入水平，改善农村的发展环境。

从社会角度来看，乡村产业的发展对于促进社会稳定具有重要意义。随着城市化进程的推进，农民的就业问题日益突出。发展乡村产业可以提供就业机会，吸引农民留在家乡创业或就业，减少流动，促进社会稳定。同时，乡村产业的发展还可以改善农村的基础设施建设，提高农村居民的生活质量。

（二）乡村产业的分类

从产业类型的角度来看，乡村产业可以分为农业产业、农村工业、农村服务业等几个大类。农业产业是乡村产业的基础，包括农作物种植、养殖业等。农村工业则是指在农村地区兴办的各种工业企业，例如小型加工厂、农副产品加工企业等。农村服务业则是指为农村居民提供服务的行业，包括农村旅游、休闲农业等。

从经济功能的角度来看，乡村产业可以分为主导产业、支柱产业和辅助产业。主导产业是指在乡村经济中占据重要地位，起着引领和带动作用的产业，如农业、农副产品加工等。支柱产业是指在乡村经济中具有重要地位，能够提供大量就业机会和经济效益的产业，如农村旅游、休闲农业等。辅助产业是指为主导产业和支柱产业提供服务和保障的产业，如机具制造、农业保险等。

从地理特征的角度来看，乡村产业可以分为山区产业、平原产业和沿海产业等。山区产业主要是指那些适应山地条件的产业，如山地农业、山地旅游等。平原产业是指那些适应平原地区条件的产业，如种植业、畜牧业等。沿海产业是指那些沿海地区发展起来的产业，如渔业、海洋旅游等。

总之，这种分类对于理解和研究乡村产业的发展具有重要意义，能够为乡村产业的区域规划提供科学依据。

（三）乡村产业的特征

了解和把握乡村产业的特征，对于推动乡村经济发展，以及加强乡村产业的有效性和可持续性具有重要意义。

1. 多样性

乡村产业主要以农业为主，同时也涵盖多种非农产业。这些产业涉及农产品加工、农村旅游、乡村民宿、手工艺品制作等多个领域，形成了多领域、多层次的产业结构。这种多样性有助于提高农民收入，增加就业机会，促进乡村经济的多元发展。

2. 适应性

乡村地区的资源和条件与城市存在差异，乡村产业需要根据当地实际情况进行调整和发展。乡村产业要充分发挥地域特色、环境资源的优势，挖掘和开发具有竞争力的产业，提高乡村产业的适应性和竞争力。

3. 融合性

乡村产业发展需要充分考虑经济、社会和环境的协调发展。乡村产业应该与农业生产密切结合，发展循环农业、农产品加工等相关产业。乡村产业还应与生态旅游、文化创意等产业相互融合，形成乡村产业的联动，推动乡村经济的全面发展。

4. 可持续性

乡村产业的发展应该以综合实现经济效益、社会效益和环境效益为目标。在发展乡村产业的过程中，应注重资源的保护和合理利用，提高资源利用效率，推动乡村产业的可持续发展。

因此，加强乡村产业的研究与实践，对于推动乡村振兴战略的实施，促进农村发展具有重要意义。

三、乡村产业发展的主要内容

（一）乡村产业发展的内涵

乡村产业发展的内涵是指乡村在实施产业振兴的过程中涉及的各个方面要素和内容。

1. 类型多样

乡村地区的产业发展具有多样性的特点，涵盖了农业、工业、乡村旅游、文化创意等多个领域。乡村产业发展不仅依赖于传统的农业生产，还需要带动相关行业以实现多元化发展的目标。

2. 可持续性

乡村产业的发展应该具有可持续性，即要注重产业的长期发展和生态环境的保护。

乡村地区的丰富资源和生态环境是乡村产业发展的重要依托，必须在发展中注重生态环境的保护，避免对环境造成破坏。

3. 内生发展

乡村产业发展应该注重发挥乡村地区的内生动力，通过提升乡村地区的自身优势，激发乡村地区的发展活力。内生发展意味着可以依靠自身资源和潜力，实现经济的增长和发展。

4. 创新驱动

乡村产业发展必须依靠科技创新和技术进步，提高产业的竞争力和附加值。乡村地区的产业发展不能单纯依赖传统经验和技术，而应该注重引进先进的科技和创新模式，持续提升产业的竞争力。

（二）乡村产业发展的特点

1. 地域性

由于乡村地区的自然和人文环境通常与城市有所差异，乡村产业发展往往需要根据当地的资源情况、环境条件和社会文化特点进行调整和制定。例如，在山区，农业和旅游业是主要的乡村产业，而平原地区则相对注重农副产品加工和农产品流通等。

2. 多元化

乡村地区的产业结构相对简单，乡村产业发展的目标是实现产业结构的多元化和产业链的延伸。通过引入新的项目和技术，可以促进乡村产业从传统的农业生产向工业、服务业、文化创意产业等多个领域拓展，进而提高农民收入水平和乡村经济发展水平。

3. 互动性

在乡村产业发展过程中，需要注重利用和保护乡村地区的自然资源和生态环境，遵循可持续发展的原则。通过合理规划和管理，可以实现产业和生态的良性互动，推动乡村产业在长期发展中实现经济效益、社会效益和生态效益的统一。

4. 创新性

乡村地区的产业发展可能面临诸多困难和问题，例如资源约束、市场竞争等。因此，乡村产业发展需要通过创新的思维方式来应对。通过引进新技术、优化管理机制、培育创业人才等，可以激发乡村产业发展的活力和创新力，推动产业转型升级和乡村经济的可持续发展。

因此，了解和把握乡村产业的特点，对于推动乡村产业发展具有重要意义。同时，需要在政策制定、管理方式、技术创新等方面加大力度，为乡村产业发展提供支持和保障。

（三）乡村产业发展的阶段

乡村产业发展是一个长期的过程，可以划分为不同的阶段。在这些阶段中，乡村产业逐渐演进，根据不同的发展需求和阶段特点，采取相应的发展策略。

起步阶段是乡村产业发展的初期阶段。在这个阶段，乡村产业大多面临着资源有限、技术水平较低、市场覆盖范围狭窄等问题。此时，乡村产业需要通过相关部门、合作社组织等获取资源和技术支持，以加快发展。同时，建立良好的市场渠道，促进产品的销售和推广是起步阶段的重要任务。

成长阶段是乡村产业发展的中期阶段。在这个阶段，乡村产业逐渐增加了生产规模和产品种类，技术水平也有所提升。此时，乡村产业需要进一步加强品牌建设和产品质量控制，提升竞争力。同时，要加强与城市市场的对接，拓宽销售渠道，开展市场营销活动，提高乡村产品的知名度。

成熟阶段是乡村产业发展的高级阶段。在这个阶段，乡村产业已经建立了一定的品牌影响力。乡村产业在成熟阶段需要更加注重技术创新和产品升级，以保持竞争力。同时，还需要注重跨界合作，拓展产业链，通过与相关产业的合作，实现资源共享和优势互补。此外，乡村产业在成熟阶段也要关注生态环境保护和可持续发展，选择绿色、环保的生产和经营模式。

总之，在每个阶段，乡村产业都有不同的发展重点和需求，需要采取相应的策略。通过不断创新和发展，乡村产业的潜力将得到充分释放，为乡村振兴做出更大贡献。

四、乡村产业发展的意义

（一）经济意义

乡村产业的发展可以促进农村经济的增长和转型升级。作为农村经济的重要组成部分，乡村产业的发展能够带动农民增收和就业，推动农村经济从传统的农业经济向多元化的产业经济转变。通过发展乡村产业，农村地区可以在产业多元化的基础上形成更加稳定和可持续的经济增长。

乡村产业的发展对于促进农村区域均衡发展和城市化进程具有重要作用。随着城市化进程的推进，乡村产业的发展能够有效促进农村的经济发展，并缩小城乡差距。乡村产业的发展也可以吸引更多的劳动力留在农村，减少农民大规模外出就业的现象，推动农村发展。

乡村产业的发展还可以推动现代农业的发展和农村资源的高效利用。乡村产业的发展往往伴随着技术进步和农业现代化的推进，通过引进先进的生产技术和管理模式，提高农产品的生产效率和品质，推动农业发展朝着更加高效的方向发展。乡村产业的发展还可以促进资源的合理利用，通过产业化的方式，将农村闲置资源转化为经济资源，提高农村资源利用效率。

在未来的发展中，应该加大对乡村产业的支持和投入，进一步发挥乡村产业在促进乡村经济发展中的重要作用。

（二）社会意义

乡村产业的发展可以有效改善农村居民生活水平。随着乡村产业的发展，农民可以有更多的就业机会，实现稳定就业和增加收入的机会大大增加。这将直接促进农村居民的收入水平提高，改善生活条件。

乡村产业的发展有助于传承和发展乡风民风。通过发展乡村产业，可以提供保护文化的平台，推动传统工艺、传统节日等文化的传承和发展，实现文化与经济的良性互动。

乡村产业的发展对于社会和谐有着积极作用。社会的和谐是实现社会稳定和全面发展的基础。乡村产业的兴起，不仅可以增加农村居民的收入、提高生活水平，还可以促进社会关系的和谐。通过提供就业机会和实现居民收入的增长，乡村产业发展有助于减少矛盾，并促进社会和谐稳定。

因此，需要加强对乡村产业发展的支持和引导，为农村地区的可持续发展做出贡献。

（三）环境意义

随着城市化进程的加速，乡村地区的生态环境面临着严峻的挑战。因此，乡村产业的发展必须注重环境保护和可持续发展。

乡村产业发展的环境意义体现在生态文明建设方面。乡村地区拥有得天独厚的自然资源和生态环境，发展乡村产业可以更好地保护和利用这些资源。比如，发展农业产业可以促进土地的科学利用，避免过度开垦和污染，保护农田水利设施和生态农田，保持农田生态系统的持续稳定。乡村产业发展还可以通过推动农村地区的生态环境整治和修复工作，提高农村地区的生态环境质量，促进生态文明建设。

乡村产业发展的环境意义体现在资源节约和循环利用方面。乡村地区作为资源丰富的地区，发展乡村产业可以更好地利用和开发乡村地区的资源。例如，发展农产品加工产业可以将农产品加工成高附加值的产品，提高资源利用效率，减少资源浪费。乡村产业发展还可以促进农村地区的农业废弃物和生活垃圾等资源的循环利用，实现资源的有效利用。

乡村产业发展的环境意义体现在生态安全方面。随着城市化进程的推进，城市对乡村地区的资源和生态环境依赖越来越大，乡村地区的生态安全面临着严峻的挑战。乡村产业的发展可以缓解城市对乡村地区的资源和生态环境的需求压力，减少资源和环境的流失和破坏，维护乡村地区的生态安全。同时，乡村产业发展可以改善农村地区的生态环境质量，提升乡村的生态功能。

第二节　农村职业教育与乡村产业发展的关系

一、乡村产业发展对农村职业教育的影响

（一）乡村产业发展的现状

乡村产业的发展对农村职业教育具有重要的作用。在当前社会经济转型的背景下，乡村产业发展成为农村经济发展的重要支撑。

1. 就业机会

随着城市化的推进，部分农民来到城市，导致农村劳动力不足的问题日益突出。乡村产业的快速发展为农民提供了大量的就业机会，使他们可以在自己的家乡就近就业，实现就业与家庭的和谐统一。

2. 收入水平

传统的农业生产方式一直以来都存在着较低的经济效益，使得农民的收入水平相对较低。随着乡村产业的兴起，农民可以通过从事乡村产业以及相关的经营活动，实现收入的增加。这不仅有助于改善农民的生活条件，还为他们提供了更多的发展机会。

3. 综合发展

乡村产业的兴起不仅是农业的发展，还包括了农村基础设施建设、旅游业、文化创意产业等各个领域的发展。这些产业的蓬勃发展促进了农村地区经济结构的优化，提高了农村地区的整体发展水平。

正是乡村产业的蓬勃发展，给农村职业教育带来了巨大前景。随着乡村产业的多样化和专业化，需要更多具备相应技能的人才来支撑产业的发展。农村职业教育作为培养农村人才的重要渠道，应紧密结合乡村产业的发展，开设相关的职业课程，进行针对性的技能培训，为乡村产业发展提供人才支持。

（二）乡村产业发展的需求

随着农村产业结构的升级和转型，对人才的需求也发生了变化。传统的劳动力已经不能满足新型乡村产业的需求，需要掌握更广泛的职业技能和知识。因此，农村职业教育需要针对新型产业的需求进行调整和优化。

乡村产业发展对农村职业教育的专业设置提出了更高的要求。各类乡村产业涉及的领域广泛，包括农业、农村旅游等多个方面。为了适应这些产业的发展，农村职业教育需要增加相关专业的设置，培养更多能够胜任具体工作的专业人才。

乡村产业的快速发展也对农村职业教育的教学内容和方法提出了更高的要求。传统的教育模式大多注重理论知识的灌输，忽视实践能力的培养。乡村产业的特点决定了从业人员需要具备丰富的实践经验。因此，农村职业教育需要通过实践教学、技能

培训等，加强学生的实际操作能力和解决问题的能力。

乡村产业发展还对农村职业教育的师资队伍和教育资源提出了更高的要求。新型乡村产业的发展需要具备高素质的专业人才，而这需要农村职业教育有一支高水平的师资队伍。此外，农村职业教育还需要加大对教育资源的投入，以满足乡村产业发展对高质量教育资源的需求。

因此，乡村产业的快速发展对农村职业教育提出了新的需求，只有满足乡村产业对人才的需求，农村职业教育才能更好地促进乡村产业的发展，实现两者的良性互动。

（三）主要影响

乡村产业的快速发展也对农村职业教育产生了深远的影响。

乡村产业的发展为农村职业教育提供了更多的就业机会。随着乡村产业规模的不断扩大和技术的不断更新，对各类技术人才的需求也日益增多。接受农村职业教育的学生可以通过系统的职业培训，获得技能和知识，迅速适应乡村产业的发展，并在就业市场中找到理想的工作岗位。

乡村产业的快速发展促进了农村职业教育的改革。为了更好地满足乡村产业的需求，农村职业教育机构需要不断调整和优化课程设置，加强与乡村产业的合作交流，提升教师队伍的专业水平。职业教育教学设施和实训基地的建设也需要进一步推进，以满足乡村产业发展对技术人才培养的需求。

乡村产业的发展为农村职业教育提供了实践和实习的机会。乡村产业的多样化和特色化使得接受农村职业教育的学生可以参与到实际生产活动中，亲身体验所学知识和技能。通过实践和实习，学生不仅能提升自己的专业素养，还可以增强实际操作能力和解决问题的能力。

乡村产业的快速发展也为农村职业教育的创新提供了契机。随着乡村产业的不断发展，农村职业教育需要更加注重创新和实践能力的培养。因此，乡村产业的发展激发了农村职业教育教学模式的革新，在课堂教学中注重实践操作和实际案例分析，培养学生的综合能力和创新精神。

因此，我们必须持续加强乡村产业发展与农村职业教育的互动，从而实现共同进步。

二、农村职业教育在乡村产业发展中的作用

（一）推动作用

农村职业教育通过提供高素质的技术人才来促进乡村产业的技术升级和创新。农村职业教育培养了大量的专业技术人才，使得农民能够掌握先进的生产技术和经营管理知识。这些技能人才能够为乡村产业带来新的思路和创意，推动产业结构的升级和优化。

农村职业教育为乡村产业提供了人力资源支持。乡村产业的发展需要大量的工人和技术人员，而农村职业教育为产业发展提供了稳定的、具备专业技能的人才。在农村职业教育的培养下，大量的青年走上了就业岗位，为乡村产业的发展提供了人力保障。

农村职业教育还通过创业培训和相关政策来推动乡村产业的发展。培养学生具备创新和创业的精神，鼓励他们在乡村产业中投资创业。农村职业教育机构还积极与相关部门、优秀企业等合作，为学生提供创业的政策支持和资金支持。这些举措为乡村产业注入了新的动力，促进了乡村产业的快速发展。

农村职业教育还通过与乡村产业深度融合，推动产教融合的开展。通过与乡村产业紧密结合，农村职业教育为学生提供了丰富的实践机会，使学生能够将所学知识与实际工作相结合。这种深度融合不仅提高了学生的综合素质，也帮助乡村产业解决了技术难题和人才困境。

（二）支持作用

农村职业教育为农村地区提供了专业技能培训，培养了大量技术人才，为乡村产业的发展提供了有力的支撑。农村职业教育培养出的高素质技术人才，能够在乡村产业中发挥不可替代的作用。他们掌握先进的生产技术和工艺，能够提高乡村产业的生产效率和产品质量，推动乡村产业向着创新、高效的目标不断发展。

农村职业教育通过开展实训和实践活动，为乡村产业提供了人力资源保障。乡村产业的发展离不开具有实践经验和技能的人才。农村职业教育在教学过程中注重实践能力的培养，通过实训和实践活动，使学生能够真正掌握所学知识和技能，并在实际操作中得到锻炼和提升。这些经过实践磨砺的学生，毕业后能够迅速适应乡村产业的工作环境。

农村职业教育还通过开展产教融合，为乡村产业发展提供智力支持。通过与优秀企业、组织进行合作，农村职业教育能够将学生的学习环境与实际工作环境相结合，让学生在实际工作中不断学习和成长。农村职业教育还能为乡村产业提供研究和咨询服务，为其解决实际问题并提供创新思路。这种产教融合的合作模式，能够促进乡村产业的技术进步和创新发展。

（三）创新作用

农村职业教育通过提供多样化的培训和教育机会，为学生提供了广阔的创新空间。具备相关职业技能的青年人才可以借助所获得的知识与技术，探索出符合乡村产业特点的创新发展道路。例如，在农村职业学校的培训下，一些青年人才开始运用现代农业技术，采用智能化种植方式，推动农业生产实现现代化和高效化。

农村职业教育还通过培育创新创业精神，激发乡村产业的创新活力。在农村职业学校，学生不仅接受传统农业知识的教育，还注重培养创业意识和创新思维。学生通过实践实习，了解到创新技术在农村产业发展中的应用前景，激发他们创新的热情和动力。这些学生在毕业后成为乡村产业的中坚力量，促进着乡村产业的创新发展。

农村职业教育还重视与科研院所、企业等合作，推动农村产业的创新。通过与科研院所的合作，农村职业学校可以更好地了解最新的农业科技成果，将其应用到乡村产业中，提升产业的竞争力和创新能力。同时，与企业的合作可以促进产品研发、品牌建设和市场拓展等方面的创新。这种合作模式不仅使农村职业教育更贴近实际需求，也为乡村产业的创新提供了支持。

总之，农村职业教育在乡村产业发展中发挥着重要的创新作用。在未来的发展中，应进一步加强农村职业教育的创新功能，培养更多具备创新意识和实践能力的人才，为乡村产业的发展注入新的活力。

（四）可持续作用

农村职业教育能够促进人力资源的可持续发展。通过提供技能培训和知识教育，农村职业教育能够提高学生的技能水平和就业能力，增强他们参与乡村产业发展的能力。这不仅能够满足乡村产业对高素质技能人才的需求，还能够为农民提供稳定的就业机会，减少人才外流，促进农村经济的可持续发展。

农村职业教育能够培养乡村产业的创新能力，推动其可持续发展。在农村职业教育的培训课程中，注重培养学生的创新意识、创新思维和创新能力，从而使他们具备解决实际问题和推动产业发展的能力。这些创新能力的培养，为乡村产业发展带来新的动力和竞争优势，进而促进其可持续发展。

农村职业教育还能协助乡村产业建立健全技术支撑体系，提高乡村产业的可持续发展水平。通过与企业合作、将产学研结合等，农村职业教育可以为乡村产业提供专业技术咨询和技术创新支持，推动乡村产业的技术升级和转型发展，提升其在市场竞争中的优势。同时，农村职业教育还能培养乡村产业发展所需的各类技术人才，为乡村产业的可持续发展提供源源不断的人力支持。

农村职业教育对乡村产业发展的可持续作用也体现在推动乡村产业发展与环境保护的有机结合。在农村职业教育的培养过程中，强调环境保护和可持续发展理念的讲授，引导学生养成低碳节能、节约资源的生活和工作习惯。这为乡村产业的绿色发展提供了有力支持，促进了乡村产业与生态环境之间的良性互动，实现乡村产业的可持续发展。

三、农村职业教育与乡村产业发展的互动关系

（一）农村职业教育对乡村产业发展的影响

农村职业教育为乡村地区提供了与产业需求相匹配的技能培训和人才储备。乡村

产业的发展需要专业的技术人才，而农村职业教育的开展恰恰能够满足这一需求。通过农村职业教育的培训，学生可以获得相关专业知识和实践技能，为未来从事乡村产业或就业做好准备。

农村职业教育能够提高学生的素质和竞争力，进一步推动乡村产业的升级和转型。在乡村产业发展过程中，技术水平和劳动力素质的提升是关键因素。农村职业教育注重实践教学，培养学生的创新精神和解决问题的能力。这样的培养模式使得学生在技术和知识方面更加具备竞争优势，能够适应产业发展的变化和需求，为乡村产业的发展提供源源不断的人才支持。

农村职业教育还能够促进乡村产业的专业化和规模化发展。在乡村产业的发展过程中，创业者大多会面临专业知识不足、管理能力弱等问题。而农村职业教育的开展，为创业者提供了弥补这些缺陷的机会。通过系统的职业培训，学生可以学习创业管理、市场营销、财务管理等专业知识，提升自己的专业素养和管理能力。这样，不仅可以促进乡村产业的规模化发展，也能够推动乡村产业朝着专业化方向迈进。

（二）乡村产业发展对农村职业教育的反馈

乡村产业的壮大为农村职业教育提供了广阔的发展空间。随着乡村经济的不断发展和农村产业结构的升级，对技术熟练型和专业技能型人才的需求日益增加。农村职业教育机构则可以通过调整专业设置和课程内容，针对乡村产业的发展需求，培养更多的人才，为乡村产业提供强有力的人才支撑。

乡村产业的成功案例可以为农村职业教育提供优质的教学资源。在乡村产业的发展过程中，不乏一些成功的典范，这些成功案例可以成为农村职业教育的教学资源。通过引入实践案例和企业合作项目，农村职业教育可以让学生更好地了解乡村产业的特点、需求和发展趋势，培养学生的实践能力和创新意识。

乡村产业发展对农村职业教育的反馈还体现在就业机会的增加和职业发展的多样化方面。乡村产业发展为农村职业教育的毕业生提供了更多的就业机会。在乡村产业的蓬勃发展中，不仅需要熟练的技术工人，还需要具备管理、营销和创新能力的高级人才。农村职业教育的毕业生在乡村产业中能够找到更多适合自己的岗位，实现个人的职业目标。

（三）协同发展

农村职业教育与乡村产业之间存在着紧密的互动关系。农村职业教育为乡村产业发展提供了人才支持和技术支持。

农村职业教育培养了大量的技术人才，他们拥有实际操作技能和专业知识，为乡村产业提供了必要的人力资源。这些技能型人才能够胜任农业生产、农村服务业和乡村工业的各种工作岗位，推动乡村产业的发展。

农村职业教育为乡村产业发展提供了技术支持。职业教育的专业设置和教学内容紧密结合实际产业需求，培养懂技术、善创新的人才。这些人才在乡村产业中能够运用现代科技手段，提高生产效率，推动乡村产业高质量发展。农村职业教育的师资队伍也为乡村产业的技术咨询和技术指导提供了帮助，为乡村产业的创新发展提供了智力支持。

乡村产业的发展对农村职业教育也具有积极的反馈作用。乡村产业的蓬勃发展为农村职业教育提供了更加广阔的就业和实践机会。在乡村产业蓬勃发展的背景下，学生可以更好地将所学知识运用于实际生产实践中，提高自身的实践能力和创新能力。同时，乡村产业的快速发展也为农村职业教育提供了更多的行业需求和岗位需求，促进了职业教育对人才培养目标和教学内容的调整，使之更加符合乡村产业的发展需求。

农村职业教育和乡村产业的协同发展为农村地区的经济发展和社会进步提供了有力支撑。为了加强农村职业教育与乡村产业的协同发展，需要相关部门、教育机构和产业界的共同努力。相关部门应加大对农村职业教育的支持力度，提供更多的资金和政策支持，构建更加完善的职业教育体系。教育机构应注重与乡村产业的合作，开展产学研结合的项目，培养更多适应乡村产业发展的高素质人才。产业界应加大与职业教育机构的合作力度，提供实践基地和创新平台，共同促进农村职业教育与乡村产业的协同发展。

第三节 农村职业教育助力乡村产业发展

一、融合的原则

（一）双向对接原则

在农村职业教育与乡村产业发展的融合过程中，职业教育与产业发展之间的双向对接是至关重要的。这一原则强调职业教育与产业发展之间相互依存、相互促进的关系，旨在实现资源共享、优势互补。

职业教育应当根据乡村产业发展的需求，进行专业设置和课程规划。通过深入了解乡村产业的特点和发展趋势，职业教育机构可以根据实际情况开设相关专业或课程，培养适应产业发展的人才。例如，在农村发展特色农业的过程中，可以设置农业技术、农业经营管理等相关专业，并针对具体的产业发展需求安排相应的实训课程。通过这种方式，职业教育可以为乡村产业发展提供具有实际应用价值的专业知识和技能。

乡村产业的发展也应当为职业教育提供实践基地和教育资源。产业发展过程中，许多企业或合作社具有一定的实践基地和教育资源，这些资源可以被职业教育机构充分利用。例如，企业的现代化生产线可以作为职业教育的实训基地，提供岗位培训和实践机会。同时，企业的技术人才也可以充当职业教育的教学资源，为学生提供行业内最新的发展动态和实践经验。通过这种双向对接，职业教育可以不断更新教学内容，保持与产业发展的同步性。

职业教育与产业发展之间的双向对接还需要相关部门的积极推动和政策支持。相关部门可以加大对乡村产业的扶持力度，提供更多的资源，为产业发展创造良好的环境。与此同时，也应当关注职业教育的发展需求，制定相关政策和措施，促进职业教育与产业发展之间的协调与融合。例如，可以通过建立产教融合的示范基地，提供资金和政策支持，鼓励职业教育机构与乡村产业进行深入合作，共同推动产业发展和人才培养。

（二）需求引领原则

现代农业的快速发展对于农村职业教育与乡村产业发展的融合提出了更高的要求。在融合过程中，现代农业的需求应该成为引领原则。具体来说，现代农业发展需要农民具备现代化的农业生产技能和知识，而这些技能和知识正是农村职业教育的重点培养内容。

农村职业教育应该结合现代农业的生产模式和技术需求，将其纳入教育课程体系中。在课程设置方面，应该注重培养学生的实践能力和解决问题的能力，使其能够适应现代农业的发展。例如，在传统的农业生产模式下，农民主要依靠经验和常规方法进行种植，但现代农业要求掌握先进的种植技术和管理知识，从而提高产量和质量。因此，农村职业教育应该在课程中加强对现代农业技术的培训，以提升学生的专业水平。

职业教育应该与优秀企业、合作社等相关机构密切合作，加强实践教学和实习实训。通过与企业合作，学生可以更好地理解现代农业的需求和发展方向，同时也能够在实践中学习和掌握相关技能。例如，学生可以在企业实习，了解企业的生产模式、管理经验以及市场需求，从而更好地为农村产业发展服务。

农村职业教育应该注重创新和实践能力的培养。现代农业的发展不仅需要农民具备扎实的理论知识，更需要他们具备解决问题的能力和创新思维。因此，职业教育应该注重培养学生的实践能力和创新精神，鼓励他们在实践中不断探索和创新。例如，可以组织学生参与农村产业发展项目的策划和实施过程，让他们切身体验到应用知识解决实际问题的过程，培养他们的创新意识和实践能力。

（三）可持续发展原则

在农村职业教育与乡村产业发展融合的过程中，地方特色和可持续发展是非常重要的因素。地方特色指的是乡村地区独特的自然、历史、文化、社会和经济优势，它们给乡村产业发展和农村职业教育提供了机遇和挑战。可持续发展原则则是在满足当前需求的同时，保护和改善自然环境，为未来的发展提供持久的基础。

地方特色是乡村发展的核心驱动力之一。乡村地区拥有独特的资源，比如丰富的自然资源、独特的地理位置、传统的农业技术等，这些都可以成为发展产业和培养专业技能的基础。农村职业教育应该根据地方特色的差异性和独特性，开展具有针对性的培训和教育，使学生能够真正了解、适应乡村的发展。

可持续发展原则是确保农村职业教育与乡村产业发展融合成功的关键。乡村发展需要长期的规划。农村职业教育应该培养学生具备可持续发展的意识和能力，即使在变化的时代背景下，他们也能为乡村产业的发展做出积极贡献。可持续发展的思维方式和行动方式应该贯穿于农村职业教育的整个过程，包括课程设置、教学方法、实践环节等。

进一步推进农村职业教育与乡村产业发展融合的过程中，应该注重挖掘和利用地方特色，同时坚持可持续发展原则。只有这样，农村职业教育才能真正服务于乡村产业的发展，为乡村振兴做出积极贡献。因此，在融合过程中，我们需要充分认识地方特色和可持续发展原则的重要性，不断探索适合当地需要的农村职业教育模式和方法，为乡村产业发展和学生的成长提供有力支持。

二、融合的意义

（一）对农村经济发展的推动意义

融合可以促进农村产业的结构优化和升级。传统的农业生产模式已经难以适应现代化农村发展的需求，需要通过培养更多专业的技术人才来推动乡村产业的升级转型。通过开设农村职业教育课程，培养学生的技能和专业知识，可以提高他们在农业领域的竞争力，推动相关产业从传统农业向现代农业转型。

农村职业教育与乡村产业的融合可以促进乡村经济的多元化发展。传统意义上，乡村经济主要依靠农业和传统手工业，收入来源单一。随着城市化进程的加速和产业结构的调整，乡村经济需要通过发展新的产业来增加收入和就业机会。农村职业教育可以为学生提供更多的就业技能培训，帮助他们适应产业升级的要求，同时也为乡村产业提供更多的技术支持和人才支持。

农村职业教育与乡村产业的融合对于农村居民收入的提高和社会稳定具有重要意义。随着农业的现代化和乡村产业的发展，农村的就业机会和收入来源也在不断增加，可以有效改善农村居民的收入水平，提高他们的生活质量。同时，通过农村职业教育的推动，可以提高学生的技能水平和就业能力，减少人才的流失和社会的不稳定因素，促进社会和谐发展。

（二）对农村人才培养的提升意义

融合可以为农村居民提供更多就业和创业机会。乡村产业的发展需要大量的专业技术和管理人才，农村职业教育的融入为农村居民提供了更好的培训机会，提高了他们适应乡村产业发展的能力。通过农村职业教育的融合，农村居民可以获得更多的就业选择，同时也可以在乡村创业，推动乡村经济的发展。

融合对于提升人才素质具有积极的作用。传统的教育模式注重对基础知识的灌输，农村职业教育则注重培养学生的实践能力和实际操作技能。这种教育模式的转变，使学生能够更好地适应乡村产业的发展，培养出更多的技术人才和管理人才。通过培养学生的综合能力，可以进一步提高乡村产业的竞争力，推进乡村振兴战略的实施。

融合还能够促进人才的流动和交流。传统的农村教育大多局限于特定地区或村镇，学生很难接触到外界的知识和信息。农村职业教育的融合，则为学生提供了更多与外界接触和交流的机会。学生可以通过实习、参观、交流等，了解外界的先进理念和管理经验，同时也可以将自己的技能和知识应用于实际中。这种交流与流动的机制，有助于学生的成长，提高他们在乡村产业发展中的综合素质。

（三）对乡村振兴战略的意义

对于乡村振兴战略的实施，农村职业教育与乡村产业融合可以提供劳动力供给和人才支持。随着乡村产业的发展和升级，对于各种技能和专业能力的要求也越来越高。农村职业教育机构的参与，可以为乡村产业提供所需的技术人才，从而满足乡村产业的发展需求。农村职业教育也可以为农村居民提供培训和教育机会，提高其技能水平和就业竞争力，为乡村振兴提供稳定的人力资源。

农村职业教育与乡村产业融合对于提升乡村经济竞争力和增加产业附加值具有重要意义。通过将农村职业教育与乡村产业紧密结合，可以培养出更多的专业人才和高技能人才，提升乡村产业的创新能力和技术水平。这不仅有助于提高乡村产业的竞争力，还能够增加产业的附加值并创造更多的经济效益。因此，农村职业教育与乡村产业融合对于推动乡村经济的发展和提高乡村产业的竞争力具有重要意义。

农村职业教育与乡村产业融合对于实现乡村全面振兴具有深远影响。乡村振兴战略旨在通过改革创新，实现农业现代化和农民生活水平的提高。农村职业教育与乡村产业的融合可以培养出更多的专业人才和实践能力强的创业者，推动乡村产业结构的升级和转型。这将为乡村振兴提供坚实的人才和产业基础，促进经济社会的全面发展。

三、融合的方法与途径

（一）适应产业发展

在农村职业教育与乡村产业相互融合的过程中，对接教育内容与产业发展需求是非常重要的环节。教育内容的设置应与乡村产业发展需求相契合，以满足农村人才培养的实际需要。

在教育内容的设计上，应基于实际需求进行调整。了解乡村产业发展的特点和需求，如现代农业、乡村旅游、农产品加工等产业，可以根据这些需求来设置相应的教学内容，注重培养学生与产业相适应的知识和技能。

教育内容的对接应该注重跨学科融合。乡村产业发展需要多学科的知识和技能支持，所以在教学内容的安排上，应该将不同学科的内容有机结合起来，提高学生的综合素养。例如，乡村农业发展需要学生具有农业技术和管理知识，同时还需要有市场营销和经济管理等方面的能力，因此，在教育内容中，可以将农业科学、经济学、管理学等学科进行融合。

实践教学的设置能够更好地对接产业需求。农村职业教育应该注重实践能力的培养，让学生能够真正地参与到乡村产业的实际操作中。通过实践教学，学生可以更加深入地了解乡村产业的发展现状和需求，提升自己的实际操作能力和解决问题的能力。

因此，教育内容与产业发展需求的对接需要不断调整。随着乡村产业的发展，需求也在不断变化，对接教育内容的工作需要与时俱进，不断创新教学内容，以满足不断变化的产业发展需求。

（二）创新教育模式

在实现农村职业教育与乡村产业发展融合的过程中，创新教育模式是非常重要的。

创新农村职业教育模式要求教育机构积极主动与乡村产业相关企业、合作社等建立紧密的联系。通过与产业主体合作，农村职业教育机构可以更好地掌握实际产业需求和发展趋势。这样的合作关系有助于提供更准确的职业教育内容，为学生提供更有针对性的技能培训。同时，通过与产业主体紧密合作，农村职业教育机构能够为学生提供实习和就业机会，促进学生的职业发展。

创新农村职业教育模式还要求教育机构注重实践教学和产业实际的结合。农村职业教育应该紧密结合乡村产业的具体实践，通过实地教学、实践训练等，让学生真正感受到产业工作的实际情况，提高他们的实际操作能力和解决问题的能力。实践教学也可以通过将学生派往企业实习、参与产业项目等方式来实现，这样可以让学生了解行业需求，提前适应职业环境。

创新农村职业教育模式应该注重培养学生的创新精神和创业意识。乡村产业的发展需要有一批有创新意识的人才。因此，在农村职业教育中，应该注重培养学生的创新思维和创业能力，通过创新创业教育，激发学生的创新潜力和创业热情。

（三）加强教育融合

农村职业教育与产业链的融合是实现乡村产业与教育融合的重要途径。为了实现农村职业教育与产业链的有效融合，需要从教育体系、师资培养、培训内容等方面进行调整。

1. 教育体系

职业教育的目标是培养符合产业发展需要的高素质人才。因此，农村职业教育的课程设置、教学方法、培养模式等都应与产业链需求相匹配。这要求职业教育机构与优秀企业建立有效的合作机制，充分了解产业发展趋势和需求，调整和更新教学内容，使教育培训与产业链发展紧密联系起来。

2. 师资培养

农村职业教育要满足产业链整合的需求，需要培养一支适应农村产业发展、掌握相关知识的专业师资队伍。这就要求职业教育机构与产业链企业密切合作，建立师资培养的双向交流机制，引入专业人士参与教师培训，提高教师的实践能力和专业水平。

3. 培训内容

农村职业教育与产业链应该形成紧密的互动关系，促进双方共同进步。可以通过建立产教融合的合作机制，将教育培训与实际项目相结合，使用实践教学的方法提高学生的实际操作能力。同时，还可以加强实习实训环节，鼓励学生深入企业开展实践活动，增加对产业链的了解，提高学生的就业竞争力。

4. 支持指导

相关部门应该加大对农村职业教育的投入，制定相关政策和措施，推动乡村产业链与职业教育融合发展。同时，还应鼓励企业与农村职业教育机构进行合作，提供支持和保障，共同推动乡村产业发展。

（四）注重实践教学

通过将实践教学与产业实际有机结合起来，可以有效地提高学生的实践能力和职业技能水平，为他们今后在乡村产业发展中发挥更大的作用创造条件。

实践教学是一种重要的教学方式，可以帮助学生将理论知识应用到实际中。通过实践教学，学生能够参与乡村产业的实际操作，了解和掌握产业发展的具体流程和技术要求。例如，在学习种植业时，学生可以参与耕作、播种、施肥、收割等环节，深入了解不同作物的种植技术和管理方法。在养殖业方面，学生可以参与动物饲养、疾病防控、设施维护等工作，学习并掌握养殖业的相关知识和技术。

通过与产业实际结合，可以帮助学生更好地了解产业发展的需求和发展方向。通过与优秀企业、合作社等产业主体进行合作，学生可以接触真正的产业运营环境，了解产业的竞争状况、市场需求以及发展趋势等重要信息。学生还能与从业者进行面对面的交流与互动，了解他们在实际工作中所面临的困难。通过与产业实际结合，学生能够更好地对自身的职业定位和发展方向进行规划，为乡村产业发展提供更有针对性的支持。

实践教学与产业实际相结合还可以促进学校与乡村产业的紧密合作。通过与产业主体合作，学校能够及时了解乡村产业的最新需求和发展动态，进一步优化和调整教学内容，提升教学质量。学校还可以积极参与到乡村产业的发展过程中，为乡村产业提供可靠的技术支持。

综上所述，在农村职业教育与乡村产业融合的过程中，强化实践教学具有十分重要的意义。

第四章　农村职业教育与乡村生态振兴

第一节　乡村生态振兴概述

一、生态的基本内涵

（一）生态的定义

生态学认为，自然界中的各种生物体、环境因素以及它们之间的相互关系构成了生态系统。生态系统中的各个组成部分相互依赖、相互影响，共同维持生态的平衡和稳定。

生态的定义主要包含四个要点。首先，生态关注自然界的物质和能量循环流动，即了解事物的物质构成以及其与其他事物之间的相互作用。其次，生态学关注的对象不仅是生物个体，还包括生态系统中的非生物要素，如土壤、水、气候等。这些非生物要素与生物有着密切的联系，在生态系统的运行中起着重要的作用。再次，生态学强调生物与环境的相互作用关系。生物对环境的适应和改造，以及环境对生物的限制和调控是生态学研究的关键内容。最后，生态学强调生态系统的整体性和动态性。生态系统中各个组成部分之间存在着复杂的相互作用，它们共同维持着一个相对稳定的平衡状态，任何一个组成部分的变化都可能引起生态系统的动态调整。

生态学的研究不仅帮助我们了解生物与环境的相互关系，也为我们促进乡村生态振兴提供了理论基础。乡村生态振兴是对农村生态环境进行保护和修复的过程，通过改善农村生态环境，提高农民生活品质，推动经济社会可持续发展。在乡村生态振兴的过程中，深入理解和应用生态学的相关理论是非常重要的，它能够指导我们在保护生态环境、发展农业、改善农民生活等方面做出科学的决策。

（二）生态的特性

生态是一个多层次的复杂系统，具有许多特性。这些特性是生态系统正常运行和维持自身稳定的重要基础。

1. **动态性**

生态系统中的各种生物和环境因素处于不断变化的状态。这种动态性体现在物种迁移、种群数量波动、生态位竞争等方面。生态系统中存在着各种过程和事件，通过这些过程和事件，生态系统可以完成自我调节和适应环境变化。

2. **系统性**

生态的系统性表现为生物和环境之间相互作用的紧密联系。在生态系统中，生物和环境的变化与发展相互影响、相互制约，构成了相互依存、相互影响的复杂系统。

例如，植物通过光合作用释放氧气，动物则通过呼吸消耗氧气，两者之间形成了相互促进的关系。这种系统性使得生态系统的变化是一个连锁反应的过程，一种因素的改变可能会引起整个系统的变化。

3. 适应性

生物种群和环境因素之间通过适应和进化相互影响，使得生态系统能够维持一定环境条件下的稳定状态。适应性使得生物种群能够在环境变化下存活和繁衍，并形成特定的群落结构和物种组成。

4. 复杂性

生态系统中存在着多种生物种群、多样化的环境因素以及它们之间复杂的相互关系。这种复杂性使得生态系统的研究和分析充满挑战，并需要综合运用生态学、地理学、气象学等多学科的知识和方法。生态的复杂性反映了生态系统的多样性和稳定性，也提醒我们在乡村生态振兴中要注重整体性和系统性的结合。

在乡村生态振兴实践中，我们需要深入了解生态的特性，合理利用和保护生态资源，促进社会可持续发展。

（三）生态的分类

生态是一个广泛的概念，涵盖了许多不同的领域。为了更好地理解生态系统的组成和功能，很多学者对生态进行了分类研究。

一种常见的生态分类方法是根据空间范围进行划分。根据空间范围的不同，生态可以分为全球生态、区域生态和局部生态。全球生态是研究地球整体生态系统的结构和功能，其中包括大气、水体和陆地等环境要素。区域生态则研究特定地区或生态区域的生态系统特点和变化规律，例如湿地生态、海洋生态等。局部生态则着眼于更小的空间范围，例如湖泊、森林等。

另一种常见的分类方法是根据生物组成进行划分。生态系统由生物群落和非生物环境组成，根据不同的生物组成可以将生态分为植物生态、动物生态和微生物生态等。植物生态研究植物在生态系统中的分布、生长和相互作用关系，动物生态关注动物的种群结构和相互关系等，微生物生态则研究微生物在生态系统中的功能和作用，例如土壤微生物、水体微生物等。

生态系统的类型还可以根据能量流动进行划分。根据能量流动的不同，生态可以分为光合生态和化能生态。光合生态是指以光合作用为主要能量来源的生态系统，其中光合生物通过光合作用将太阳能转化为化学能。化能生态则是指以化学能为主要能量来源的生态系统，其中化能生物通过化学反应将有机物转化为能量。

总之，不同的分类方法从不同的角度揭示了生态系统的多样性和复杂性。在乡村生态振兴中，我们需要深入理解乡村地区的生态特点，从而采取相应的措施促进乡村生态的恢复和保护。

二、乡村生态的概念

（一）乡村生态的定义

乡村生态是指农村地区的自然环境、生物多样性以及生态系统与人类活动之间的综合关系。乡村生态的定义涵盖许多方面，包括自然资源的利用、环境保护、生物多样性保护、土地利用等。

乡村地区相对于城市，自然环境更加原生态，有着较少的人为干扰和污染。在乡村中，山川、湖泊、田野和森林等自然景观构成了独特的生态系统，为农村居民提供了丰富的生态资源和生态服务。

乡村地区是农业生产的主要场所，同时也是人们生活和休闲的场所。乡村的耕地、农田、居住区等都是人们生活和工作的空间。乡村生态的改善需要考虑农民的生活方式，通过合理的农业生产方式、合理的农田布局等来实现人与环境的和谐共生。

乡村地区的生态系统是一个复杂的系统，包括土地、水源、植物、动物、微生物等多个方面。我们需要保持生态系统的稳定性和健康性，促进生物多样性的保护，确保农业生产的可持续发展。

（二）乡村生态的特性

乡村生态是指在乡村地区的自然环境中形成的特定生态系统。与一些城市相比，乡村地区具有许多独特的生态特性。

1. 多样性

乡村地区大多有广阔的农田、森林、湿地和山川等，这些地方提供了丰富的栖息地和食物来源，吸引了各种动植物的生存和繁衍。因此，乡村地区往往是生物多样性较高的地方，它们扮演着维持生态平衡和保护生物多样性的重要角色。

2. 复杂性

乡村地区的生态系统不仅包括自然的生态系统，还包括人为的农田、牧场和人居环境等。这些人为活动不仅会直接影响乡村生态系统的结构和功能，还会间接对周边的生态系统产生影响。因此，理解乡村生态的特性需要考虑自然因素与人为因素的相互作用。

3. 脆弱性

由于农业生产、人类活动和城市化进程的发展，乡村地区的自然环境面临着较大威胁，例如土地退化、水资源短缺和生物资源过度开发等。乡村生态系统的脆弱性意味着它们更容易受到自然灾害和人为干扰的影响，因此需要采取有效的措施来保护和恢复乡村生态系统。

4. 可持续性

乡村地区的生态系统对人们的生存和发展至关重要，因此需要确保乡村生态系统的可持续性。这包括保护自然资源、改善生态环境、促进农村经济与生态保护的协调发展等方面。只有实现了乡村生态系统的可持续性，才能真正实现乡村生态振兴的目标，实现人与自然和谐共生。

（三）乡村生态的分类

乡村生态作为一种特殊的生态系统，具有自身的特征和内在的组织结构。在乡村生态振兴的过程中，了解和把握乡村生态的分类是非常重要的。

从乡村生态系统的功能角度来看，可以将乡村生态分为生产型生态、保护型生态和文化型生态。生产型生态主要指农田、林地和水域等人类利用和管理的生态系统，这些生态系统的主要功能是为农业生产提供支持和保障。保护型生态强调对自然生态的保护和修复，主要涉及自然保护区、湿地保护区等。文化型生态则强调乡村的文化传承，包括传统建筑、乡村历史等。

从乡村生态的空间范围来看，可以将乡村生态分为自然生态、生态景观和人文生态。自然生态主要指原始自然环境，包括山岳、森林、湖泊等，这些地区的生态系统相对完整。生态景观则是指自然生态与人类活动相结合形成的景观，如田园风光、旅游景区等。人文生态强调乡村的人文元素和人类活动对生态环境的影响，包括农田、牧场、聚居区等。

从乡村生态的发展阶段来看，可以将乡村生态分为原生态、恢复生态和可持续生态。原生态指的是乡村地区未受人类活动干扰的自然环境，具有较高的生态完整性和生物多样性。恢复生态是指通过生态修复和保护手段，使受损的乡村生态系统逐渐恢复到较好的状态。可持续生态则是在保护生态的前提下，注重乡村经济的可持续发展，实现经济、社会和生态的协调发展。

总之，不同的分类方法能够帮助我们更好地认识和理解乡村生态的特点和问题，为乡村生态振兴提供科学的指导。

三、乡村生态振兴的内涵

（一）振兴的含义

振兴一词意味着使某一事物恢复活力、焕发生机。在乡村生态振兴的语境下，振兴可理解为实现农村生态系统的恢复、改善和提升，促进农村经济、社会和环境协调可持续发展。

振兴意味着通过有效的生态保护和修复，提升乡村生态环境质量。由于长期以来的农业生产、农村建设和人口流动等因素的影响，乡村生态环境受到了破坏。振兴在于通过采取一系列综合性措施，包括土地治理、生态修复、水资源保护等，恢复乡村生态系统。

振兴意味着在促进乡村经济发展的基础上，更加注重生态效益。传统的农业模式大多只追求经济效益，忽视了对生态环境的保护。乡村生态振兴强调经济与生态相协调发展，通过推动农村产业结构调整、农业生产方式转型等，使农村经济在追求效益的同时，也能最大程度地兼顾生态效益，实现经济社会的可持续发展。

振兴意味着推动农村社会文化的全面发展。在乡村生态振兴的过程中，仅有经济、生态的发展是不够的，还需要注重文化的振兴。这包括传承乡村文化、保护乡村历史遗产、推动乡村教育与卫生事业的发展等。通过振兴乡村文化，能够增强农村居民的文化认同感，促进社会的稳定和谐。

振兴意味着乡村生态振兴在更大的范围内具有示范作用。乡村是生态文明建设的重要组成部分，通过乡村生态振兴的实践，可以积累一系列适应不同地域特点的经验和模式。这将为其他地区提供借鉴与参考，全面推进生态文明建设。

（二）乡村生态振兴的特征

1. 注重生态优先

乡村生态振兴强调保护生态环境，坚持生态优先、绿色发展的原则。在振兴过程中，要加强生态环境保护，修复生态系统，促进生态恢复和保持生态平衡。通过建设绿色村庄、发展生态农业等，实现人与自然和谐共生，推动乡村生态可持续发展。

2. 追求整体协同

乡村生态振兴强调整体性和协同性，在发展中注重各个环节之间的协调互补。在乡村振兴的实践中，需要统筹规划资源利用，注重产业、农业、环境、社会等各个方面的协同发展。同时，要鼓励农村居民参与乡村振兴，发挥主体作用，形成多元合作的格局，提升乡村发展的社会效益。

3. 推动多元发展

乡村生态振兴鼓励多元化的发展，注重开发多种产业和增加农村居民的收入来源。通过发展特色产业、农村旅游、乡村文化等领域，提高农村居民的生活质量，增加就业机会，实现农村经济的多元化发展。这不仅能促进乡村经济繁荣，还能提升农村居民的获得感和幸福感。

4. 注重创新驱动

乡村生态振兴强调科技创新和创业创新，促进乡村发展的动力转换。通过引导农民创业，发展农村电商、智慧农业等，提升农村发展的质量和效益。同时，要注重科技创新和知识传播，为乡村发展提供更多的技术支持和智力支持。

总之，乡村生态振兴的特征在乡村振兴的实践中起到了重要的指导作用，为乡村发展提供了重要的路径和思路。

（三）乡村生态振兴的方式

在实践中，很多地方采用了多种方式来推动乡村的生态振兴，以实现可持续发展的目标。

1. 加强环境保护与修复

乡村地区存在着破坏生态环境和浪费资源的问题，因此，加强环境保护与修复是乡村生态振兴的首要内容。相关部门应建立健全相应的法律法规体系，推动环境治理，加大生态环境保护投入，修复退化的生态系统，并加强乡村环境监管。

2. 推动农业生态化发展

农业是乡村生态振兴的重点领域，促进农业生态化是实现乡村生态振兴的重要方式。农业生态化发展要转变生产方式，减少农药的使用，保护农田水源，推广绿色有机农业，强化农田的生态功能等。此外，还应积极推进农业科技创新，提高农业生产效益和农产品质量。

3. 促进生态旅游发展

乡村生态振兴需要通过发展旅游产业来保护和利用乡村的生态资源。乡村具有独特的自然风光和文化资源，通过开发乡村旅游产品，可以促进乡村经济的发展，同时也可以保护乡村的生态环境。各地可以设计乡村旅游线路，建设乡村旅游景区，提供丰富的旅游服务，吸引更多的游客前来参观、度假，从而推动乡村的生态振兴。

4. 实施生态补偿政策

生态补偿是一种经济工具，通过对环境服务的补偿，激励农民积极参与生态保护与建设。在乡村生态振兴过程中，相关部门可以采取合适的经济手段，对农民进行生态补偿。例如，设立生态保护岗位和提升待遇，以鼓励他们积极参与生态保护，推动乡村生态振兴。

（四）乡村生态振兴的实践

为了实现乡村生态振兴的目标，需要采取多种具体的实践措施。

1. 生态修复

在实践中，需要采取一系列措施来减少农业污染、加强土地保护和恢复湿地生态等。例如，建立生态农田和保护区，推广有机农业和低碳农业技术，通过生态农耕和生态养殖方式减少农药的使用，提高土壤质量和生态系统的稳定性，实现农业生态化发展。

2. 乡村旅游

乡村旅游和休闲农业能够有效提升农村地区的经济收入和农村居民的生活质量，同时还能够保护和修复自然生态环境。通过发展农家乐、生态民宿、乡村景区等，吸引游客前来体验乡村生态环境和农耕文化，提高农民的收入，促进乡村经济可持续发展。

3. 生态产业

通过发展绿色农业、生态畜牧业和农产品加工业等，推动农业的转型升级。借助现代科技手段，提高农产品的品质和产量，促进乡村经济可持续发展。同时，发展生态产业也可以吸引更多的外来资金和技术进入乡村，促进乡村产业结构的优化和升级。

4. 文化传承

通过开展生态教育，提高农村居民保护生态环境的意识，培养他们的环保能力。同时，要加强对传统文化的保护和传承，推动传统农耕文化与现代生态观念结合，使乡村更具有深厚的历史文化底蕴。

四、乡村生态振兴的目标和意义

（一）乡村生态振兴的目标

乡村生态振兴旨在通过改善和修复农村生态环境，实现农村经济的可持续发展和社会的和谐稳定。

乡村生态振兴的目标包括建设绿色农业生产系统。传统农业生产模式过度依赖农药和大规模灌溉，给土壤、水资源以及生物多样性带来了负面影响。因此，乡村生态振兴要以绿色农业为基础，推动农业生产模式的转型升级，减少对环境的破坏，提高农产品的质量和安全性。

乡村生态振兴的目标包括构建生态友好型的乡村生活环境。农村居民的生活条件和生活环境直接影响他们的生活质量和健康状况。因此，在乡村生态振兴中，我们需要注重改善农村的基础设施，提供更好的水、电、路等公共服务设施，提高农村居民的生活舒适度。

乡村生态振兴的目标包括保护和恢复农村生态系统。农村作为自然生态系统和社会的重要组成部分，其生态环境的安全和稳定对保护生态平衡具有重要意义。因此，乡村生态振兴要保护和管理农村的自然资源，恢复破坏的生态系统，推动生物多样性的保护。

乡村生态振兴的目标包括促进社会的繁荣发展。乡村的经济社会发展需要建立在健康的生态基础上。因此，在推动乡村生态振兴的同时，我们也应该注重激发农村内部的发展活力，培育新的产业，促进社会的繁荣发展。

乡村生态振兴的目标包括促进乡村经济的发展，提高农民的生活水平，保护生态平衡，实现农村与城市的协调发展。乡村生态振兴不仅关乎农村的发展，还关乎社会的共同利益。

（二）乡村生态振兴的意义

乡村生态振兴作为一项重要的战略举措，具有深远的意义。

1. 改善环境质量

乡村地区可能面临着生态环境恶化、生态系统退化等严峻的问题，乡村生态振兴就是为了通过保护生态环境、恢复生态系统来改善乡村地区的环境利用率。通过有效的生态修复和生态建设，可以提升土地、水源等自然资源的利用率，减少污染物的排放，创造良好的生态环境条件，为农村居民提供更健康、更舒适的居住环境。

2. 促进经济发展

乡村地区是农业的基础，而生态振兴可以为乡村经济的发展提供重要支撑。通过保护生态资源、发展生态产业，可以增加农民的收入来源，提升农产品的质量和附加值，推动乡村经济的多元化发展。生态振兴还可以培育农村旅游、生态农业等新兴产业，吸引游客和投资者，为乡村地区带来更多的机会和发展动力。

3. 推动社会进步

生态振兴可以通过优化生态环境、改善基础设施等措施来提升社会的发展水平。例如，改善交通条件可以方便农民的出行和商品的流通，完善教育设施可以改善农村学生的学习环境，增加医疗资源可以提高农村居民的健康水平。因此，乡村生态振兴可以推动社会全面进步，提升农村居民的生活质量和幸福感。

（三）乡村生态振兴的实施策略

乡村生态振兴是综合性的任务，实施策略的制定和执行对于实现乡村生态振兴的目标来说至关重要。

1. 完善规章制度

为了保护乡村的生态环境，必须确立并完善相关的环保规定。必须加强对违法行为的惩罚力度，并加大对相关责任的追究力度。此外，要加大宣传力度，提高农村居民和相关部门对环境保护的重要性的认识，培养他们的环保习惯。

2. 转变生产方式

传统的农业生产方式对土壤和水源造成了很大的压力，出现了农田土壤质量下降和水污染的问题。因此，必须鼓励和推动农业生产方式的转变，向着生态友好型、可持续发展的方向发展。这包括推广有机农业，减少农药的使用，建立生态农业循环系统等。同时，还要加大环保设施的建设力度，如农田水利设施的改善，农村生活污水处理设施的建设等，为农业生产提供良好的生态环境。

3. 发展生态产业

生态产业是乡村生态振兴的重要保障。这些产业包括生态农业、生态旅游、生态养殖等。在推进生态产业发展的过程中，需要加强对生态资源的保护和合理利用，确保生态产业的可持续发展。同时，要培养农村居民的创业意识和相关技能，增加农村就业机会，提高农村居民的收入水平。

4. 建立监督体系

要建立健全农村环境保护管理和监督体系，加强对环境保护工作的组织和指导，确保策略的有效实施。这包括加强乡村生态环境监测和评估，加大执法力度和监督力度，建立起完善的农村环境保护管理机制。

总之，只有采取全面、系统的策略，并坚持不懈地推进，才能确保乡村生态振兴目标的实现，为农村的可持续发展创造良好的生态环境。

第二节　农村职业教育与乡村生态振兴的关系

一、乡村生态振兴的需求与农村职业教育的价值

（一）乡村生态振兴的需求

乡村地区的环境问题、自然资源过度开发以及生态平衡的破坏已经成为制约乡村可持续发展的重要因素。因此，乡村生态振兴迫切需要寻找一种有效的途径来改善生态环境，促进乡村绿色发展。

乡村生态振兴的需求在于保护和修复乡村的生态环境。随着农村现代化进程的推进，环境问题日益凸显。部分农村的水源污染、土壤退化和生态系统损害已经成为制约农村可持续发展的重要问题。因此，乡村生态振兴需要关注和解决这些问题，采用科学的生态修复和环境保护措施，恢复和改善生态环境，为农村发展提供良好的生态基础。

乡村生态振兴的需求在于提升农村的产业发展水平。乡村地区由于受制于自然资源和环境条件的限制，传统的农业生产模式已经难以满足农民的收入增长和生活质量的改善。因此，乡村生态振兴需要发展新的产业形态和提升农村的产业发展水平，促进乡村经济的转型升级。农村职业教育作为提供专业技能和就业培训的重要渠道，能够为农村的产业发展提供人才支持和技术支持，推动农村经济绿色发展。

乡村生态振兴的需求在于提高农民的生活质量。乡村地区由于受制于经济发展和资源分配不平衡，农民的生活质量相对较低。因此，乡村生态振兴需要改善农民的生活条件，提升农民的收入水平和生活质量。农村职业教育能够提供就业技能培训和创

业支持，为农民提供更多的就业机会和增加收入的途径，提高农村居民的生活水平。

因此，通过提供技能培训和创业支持，农村职业教育能够促进乡村生态振兴的实现，推动乡村可持续发展。

（二）农村职业教育在乡村生态振兴中的价值

农村职业教育为乡村发展提供了专业化和高技能的人才支持。通过培养学生的技能、知识和创新能力，农村职业教育能够为乡村振兴注入活力。这些具备专业技能的人才能够在农业、农村产业和相关领域中发挥重要作用，提升农村经济的竞争力。

农村职业教育能够推动农村产业结构的升级和优化。随着乡村生态振兴的推进，传统农业不再是唯一的经济支柱，需要转向多元化发展。农村职业教育可以培养并储备更多人才，让他们熟悉和适应现代农业管理、新兴农业技术和农村产业发展的需求。这种结构升级和优化有助于提升农村经济的竞争力，并为乡村生态振兴提供坚实的支撑。

农村职业教育还能够促进社会全面发展。在乡村生态振兴的进程中，不仅要发展经济，还需要文化传承和社会治理。农村职业教育可以培养学生的综合素质，提升他们的社会参与能力和社会责任感。通过培养学生的职业道德和责任意识，农村职业教育有助于建设和谐美丽的农村，在乡村生态振兴的进程中起到积极的推动作用。

农村职业教育在乡村生态振兴中的价值并非是单向的，而是互为促进的。乡村生态振兴为农村职业教育提供了广阔的实践平台和发展空间。通过与乡村生态振兴项目的合作，农村职业教育能够提升学生的实践能力和创新能力，从而更好地满足乡村振兴的实际需求。同时，农村职业教育的发展也为乡村生态振兴提供了有力的人才支持。

因此，促进农村职业教育的发展和质量提升，为乡村生态振兴注入新的活力，具有重要的现实意义。

（三）农村职业教育与乡村生态振兴的关联

农村职业教育为乡村生态振兴提供了人才支撑。通过培养一批优秀的农村职业教育毕业生，可以解决乡村发展过程中的人才短缺问题。这些毕业生能在农村产业链的各个环节发挥作用，推动乡村经济的发展。例如，在农村产业结构调整中，农村职业教育培养的经营管理专业人才能够提供科学的管理方案和创新的经营思路，为乡村经济的转型升级提供帮助。

农村职业教育还可以强化环境保护意识。通过农村职业教育的课程设置和实践教学，培养学生对于环境保护的认知和责任感。让他们将学到的知识和技能应用到实际中，积极参与乡村环境保护行动，推动乡村生态环境的改善。例如，环保专业的学生可以参与垃圾分类和废品回收的推广工作，引导农村居民养成良好的环保习惯。

乡村生态振兴还可以借助农村职业教育规划和实施相关的培训项目。通过与乡村生态振兴的发展需求相结合，农村职业教育可以策划一系列以乡村生态振兴为核心的培训项目，培养乡村生态振兴领域的专业人才。这些培训项目包括环境规划、生态农业技术、生态旅游管理等方面的内容，为乡村生态振兴提供人才支持。

因此，在推动乡村生态振兴的过程中，必须充分发挥农村职业教育的作用，并加强双方的合作与沟通，实现优势互补，共同促进农村可持续发展。

二、农村职业教育在乡村生态振兴中的实践

（一）农村职业教育的创新

为实现农村的可持续发展，农村职业教育需要进行创新。

农村职业教育要注重课程设置的改革。传统的农村职业教育课程多以传统农业生产为主，与农村发展需求并不完全匹配。因此，应该加强对农村产业结构、农村经济的深入研究，调整课程设置，使之更加贴合实际需求，为乡村发展提供人才支持。

农村职业教育需要加强教学方法的创新。传统的农村职业教育大多是单一的教育模式，缺乏与时俱进的教学方法。在乡村生态振兴的背景下，教师应积极探索多元化、实践性的教学方法，如问题导向学习、项目驱动学习等，培养学生的实践能力和创新意识，并将所学知识应用于实际生产中。

农村职业教育的创新还需要加强师资队伍的建设。教师队伍是农村职业教育的重要支撑。目前的农村职业教育仍面临师资力量不足、结构不合理等问题。要促进农村职业教育的发展，必须注重培养高素质的教师。从招聘、培训、评价等方面入手，制定一系列政策措施，吸引、留住优秀的教师，不断提升教师的专业水平。

（二）效果评估

农村职业教育通过开展专门的职业培训和技能培训，为乡村生态振兴提供了必要的人力资源支持。通过培养一批具备专业知识和技能的农村居民，可以满足生态建设和农业生产的需求，提高农村生态资源的有效利用率，加快农业现代化的进程。

农村职业教育还注重培养学生的环境保护意识和生态文明观念，培养他们成为乡村生态振兴的实践者。通过开设相关的课程，农村职业教育可以引导学生了解和关注自然生态环境，培养他们的环保意识和责任感，促使他们积极参与乡村生态建设和保护工作。

农村职业教育在乡村生态振兴中还具有培养创新和实践能力的功能。通过开展实践性教学和项目实训等活动，农村职业教育能够培养学生的动手能力和创新思维，提高他们解决实际问题的能力。这种实践教育的培养方式，有助于培养乡村生态振兴所需的专业人才和创新人才，为乡村的可持续发展提供支持。

总之，通过对农村职业教育的教学质量、就业率、培养效果等进行评估，可以了解农村职业教育对于乡村生态振兴的实际贡献和效果。评估结果可以作为优化教育方

式的依据，帮助相关部门更好地发挥职业教育在乡村生态振兴中的作用。

（四）未来发展

在乡村生态振兴的背景下，农村职业教育将扮演着越来越重要的角色。未来，农村职业教育将呈现出以下几个发展趋势。

1. 注重专业特色

随着乡村生态振兴的深入推进，不同地区的发展需求也存在差异。因此，农村职业教育应根据不同地区的特色和需求，加强对专业能力的培养，培养更多适应农村生态建设的人才。这有助于提高农村职业教育的针对性和实用性，进一步推动乡村生态振兴。

2. 结合产业发展

乡村振兴需要有产业支撑。农村职业教育应当深入了解和把握乡村产业的需求，针对性地开设相关专业课程，并加强实践和实习环节，使学生能够参与到乡村产业的建设中。通过与乡村产业发展的结合，农村职业教育能够提供更加符合就业市场需求的人才，为乡村生态振兴注入活力。

3. 培养教师队伍

教师是农村职业教育的主体。为了满足乡村生态振兴的需求，农村职业教育需要拥有一支高素质、专业化的教师队伍。未来，农村职业教育要加大教师培训力度，提高教师的教学能力，不断提升教师队伍的整体素质。拥有优秀的教师团队，农村职业教育能够为乡村生态振兴提供更好的帮助。

三、乡村生态振兴对农村职业教育的推动

（一）主要影响

在乡村生态振兴背景下，乡村的经济结构和产业形态发生了变化，由传统的农业生产向生态农业和绿色发展转变。这就要求农村职业教育必须紧跟时代潮流，调整专业设置，培养满足生态农业需求的技能人才。

在乡村生态振兴背景下，乡村社会环境得到了有效改善。这为农村职业教育提供了更加稳定、健康的教育环境。学校可以开展实地实训和实践教学活动，为学生提供更好的实践机会。

在乡村生态振兴背景下，农村职业教育与产业发展存在着密切的互动关系。乡村生态振兴促进了农村产业的升级和发展，而农村职业教育又培养了支持这些产业发展所需的人才。以生态农业为例，农村职业教育应加强与相关企业和合作社的合作，开设与生态农业相关的专业课程，培养符合行业需求的高素质技术人才。

（二）具体要求

乡村生态振兴要求农村职业教育要紧跟时代发展的步伐。当前，农村经济结构不断升级和转型，从传统的农业经济向现代农业和新兴产业发展转变。因此，农村职业教育需要与时俱进，及时调整培养方向和课程设置，培养适应新经济形态的专业人才。

乡村生态振兴要求农村职业教育要注重环保意识的培养。乡村生态振兴的核心是建设绿色生态农业，提高生态保护意识和能力。因此，农村职业教育应该加强对学生的环境保护教育，培养他们具备环保意识。

乡村生态振兴要求农村职业教育要开设与农村特色产业相适应的专业。特色产业是乡村发展的重要支撑，如生态旅游、农产品加工等。农村职业教育应根据特色产业的需求，调整专业设置，开设与之相符的专业课程，培养与之匹配的职业能力。

乡村生态振兴要求农村职业教育要加强实践教学环节。实践教学是培养学生实际操作能力和创新精神的有效途径。农村职业教育应与农村产业结合起来，组织学生参与实际生产和服务活动，让学生在实践中锻炼能力，提高操作技能，具备实际工作能力。

总之，乡村生态振兴对农村职业教育提出了多方面的要求，农村职业教育需要相应调整和改革，以更好地满足乡村生态振兴的需要。

（三）推动方式

乡村生态振兴对农村职业教育的推动是一个复杂的过程。在乡村生态振兴的过程中，农村职业教育扮演着重要的角色，它有助于提高农民的职业技能水平，还能培养专业人才，推动农业现代化发展。

乡村生态振兴推动农村职业教育体现在需求的驱动方面。随着乡村生态振兴的深入实施，农村对高素质、技能全面的职业人才的需求越来越大。农村经济的转型升级需要大量的专业技术支持，农民需要掌握新的农业技术和生产管理知识，以适应市场需求的变化。农村职业教育通过提供职业培训和技能提升的机会，满足了农村不断增长的人才需求。

乡村生态振兴对农村职业教育的推动还表现在政策的支持方面。相关部门在乡村生态振兴方面出台了一系列支持政策，其中包括加大对农村职业教育的投入和支持力度。例如，设立专项资金用于改善教育设施和教学资源，制定政策鼓励农民参与职业技能培训，提供补贴来支持农民就业和创业。这些政策为农村职业教育的发展提供了有力的保障，并促使其与乡村生态振兴相互促进。

乡村生态振兴对农村职业教育的推动也体现在合作机制的建立方面。乡村生态振兴旨在实现农村经济、社会和环境的协同发展，农村职业教育则承担着培养适应乡村发展需要的专业技术人才的任务。为了更好地实现这一目标，乡村生态振兴需要与农村职业教育机构建立紧密的合作关系，共同开展研究、推动课程改革、开展实践活动等。通过深入合作，乡村生态振兴和农村职业教育能够实现资源共享、信息互通，形成良性互动，促进乡村全面发展。

总之，这种推动将为农村提供更多的发展机遇，同时也为乡村生态振兴的成功实施提供了重要保障。

第三节 农村职业教育促进乡村生态振兴

一、具体需求与农村职业教育体系

（一）具体需求

首先，生态环境问题的日益凸显，对乡村生态振兴提出了迫切需求。随着工业化和城镇化进程的加快，土地的过度利用、水资源的过度使用等农业生产活动对农田和水质造成了污染。同时，生态环境的破坏也进一步制约了乡村经济的发展。

其次，农村劳动力结构的转型使得乡村生态振兴成为必然选择。随着经济的发展和农业机械化的普及，传统劳动力逐渐流失，农村劳动力结构发生着重要改变。在这种情况下，农村职业教育的需求日益增长，同时也是乡村生态振兴的重要支撑。乡村生态振兴需要新的职业技能，例如生态农业的技术与管理、环保工程、环境监测等。这些技能的培训，对于推进乡村生态振兴具有重要意义。

再次，在过去的发展中，农村居民对环境保护和生态问题的认识相对较低，对于生态资源的保护和可持续发展的认识不够。随着信息时代的到来，人们对环境问题的关注度逐渐提高。农村居民开始意识到保护环境的重要性。因此，提供相关培训和教育，加强农村居民的环保意识，是乡村生态振兴的迫切要求。

（二）农村职业教育体系的构建

农村职业教育体系的构建是乡村生态振兴的组成部分。为了满足乡村发展的需求，农村职业教育体系的构建需要考虑多个方面的因素。在乡村生态振兴的背景下，农村职业教育的目标应该是培养具备专业技能和环保意识的人才，以促进生态农业的发展。

1. 资源整合

在乡村地区，资源分散且有限，单个职业教育机构难以提供全面的教学资源和专业知识。因此，建立农村职业教育体系需要充分整合各方资源，包括相关部门、教育机构、优秀企业等，通过共享资源，提高教学质量。

2. 课程设计

针对乡村生态振兴的需求，课程设置应该紧密结合生态农业技术和农村产业发展，培养学生的实际操作能力和创新思维。在教学方法方面，应该注重实践教学和项目驱动，让学生能够在实际工作中灵活运用所学知识。

3. 师资培养

乡村教育资源相对匮乏，农村职业教育机构需要引进高素质的教师或专业人才，提高教学水平。还需要加强师资培训和交流，提高教师的综合素质和专业能力。

总之，通过明确定位和目标，整合资源，改进课程设置和教学方法，以及加强师资队伍建设，我们可以构建一个适应乡村发展需求的农村职业教育体系，为乡村生态振兴提供人才保障。

（三）农村职业教育体系对乡村生态振兴的影响

农村职业教育体系的构建为乡村生态振兴提供了技术型人才。通过培养一批懂农业、懂生态、懂绿色发展的专业人才，农村职业教育体系为乡村生态振兴提供了充足的人力资源。这些专业人才不仅具备实践操作能力，还具备技术创新能力，能够帮助农村实现产业升级和绿色发展。

农村职业教育体系对乡村生态振兴的影响体现在合作共建方面。为了促进乡村生态振兴，农村职业教育机构与相关企业建立了紧密的合作关系。农村职业教育机构通过与企业合作开展实训基地建设、技术培训等活动，为学生提供实践锻炼的机会，同时也帮助企业解决技术难题。

农村职业教育体系对乡村生态振兴的影响还表现在培养创新创业人才方面。乡村生态振兴需要具备创新精神的人才，而农村职业教育体系正是培养这类人才的重要方式。通过开展创业课程和实践活动，农村职业教育体系培养了一批具备创新思维和创业能力的人才，为乡村生态振兴提供了动力。

因此，农村职业教育体系与乡村生态振兴密切相关。它不仅为乡村生态振兴提供人才支持，还通过合作共建、创业人才培养等与乡村生态振兴形成良性互动，为乡村的绿色发展注入活力。

二、教育机构与企业的合作

（一）合作需求与目标

农村职业教育机构作为提供职业培训和教育的机构，需要使用与时俱进的教学内容和方法，以满足乡村产业转型升级的需求。相关企业需要培养与生态农业相适应的专业人才，以提高生产效率和产品质量。

1. 互惠共赢

农村职业教育机构拥有一定的师资力量和教学设备，可以为企业提供专业培训和技术支持。企业在生产实践中积累了丰富的经验和资源，可以为农村职业教育机构提供实习基地和就业机会。通过合作，双方可以实现资源的优势互补，提高教学质量并培养学生的实践能力。

2. 合作办学

随着乡村产业的转型和升级，农村职业教育需要调整课程设置和教学方法，以适应新的发展趋势。通过与企业的合作，可以及时获取行业动态和需求信息，并将其纳入到教学中，培养学生的绿色发展意识和技能。这有助于提高农村职业教育的影响力，推动乡村经济的可持续发展。

3. 符合实际

在制定合作计划和具体措施时，应综合考虑双方的实际情况和具体需求，确保合作的目标能够实现，并为双方带来可持续发展的机遇。同时，还需要对合作的效果进行评估和分析，以及掌握影响合作效果的因素，从而为进一步合作提供参考。

（二）合作模式的构建

农村职业教育机构与企业合作的初衷是为了提升农民的技能水平，提供更多就业机会，并推动乡村生态振兴的开展。因此，合作模式应以这些目标为导向，确保合作方向的一致性。

合作模式的构建需重视资源的共享与整合。农村职业教育机构通常拥有专业的师资力量和教学资源，企业则具备丰富的实践经验和创新能力。双方可以通过资源的共享与整合，实现优势互补。例如，教育机构可以向企业借用其生产实践基地，为学生提供实践机会；企业则可以派遣专业人员到教育机构进行技术培训，提高教学质量。

合作模式的构建还需要思考如何建立持续的合作机制。双方可以达成长期合作协议，明确双方的责任与义务，并约定合作期限和合作框架。同时，建立合作机制还需要考虑合作效果的评估与监督。双方可以共同制定合作目标的评估标准和指标体系，定期进行评估，以便及时调整合作策略和方法，确保合作的持续性。

合作模式的构建还需关注政策和资金的支持。相关部门应制定一些政策，为农村职业教育机构与企业的合作提供支持和指导。同时，相关机构可以提供资金支持，用于合作项目的启动和推进。政策和资金的支持能够有效促进合作模式的构建，为合作的顺利进行提供保障。

（三）合作效果与影响因素

在农村职业教育机构与企业的合作中，合作效果的评估和影响因素的分析是非常重要的。

合作双方的互信关系是农村职业教育机构与企业合作的基础。互信是建立在长期合作的积累和互相了解的基础上的，只有双方对彼此的作用、信誉和能力有充分认识并建立信任感，才能保证合作的顺利进行。在合作过程中，双方要加强沟通，注重信任的维护，以确保合作的稳定性和持续性。

合作模式的设计对合作效果具有重要影响。农村职业教育机构与企业可以通过技术创新、资源共享、人才培养等方式进行合作。例如，教育机构可以根据企业实际需求，调整课程设置，引入先进的农业技术和绿色生产理念，提供符合企业需求的培训和教育服务。企业可以与教育机构合作开展实践教学、实习就业等活动，为学生提供工作经验和就业机会。这种合作模式的设计需要双方密切合作，相互协调，确保合作的有效性。

合作效果的评估与持续改进也是农村职业教育机构与企业合作的重要环节。双方需要共同制定评估指标和方法，对合作过程和结果进行定期评估。通过评估，可以及时发现问题和不足之处，并采取相应的改进措施，优化合作模式。同时，在评估过程中，要充分倾听合作双方的反馈意见，根据反馈意见进行调整，以不断提升合作效果。

因此，通过建立互信关系、设计合作模式、以及合作效果的评估与持续改进等，可以提高合作的有效性，并为农村职业教育与生态农业的发展注入活力。

三、农村职业教育的绿色技能培训

（一）绿色技能的定义与分类

绿色技能是指应对环境问题和可持续发展问题的技能，涵盖许多与环境保护和生态农业相关的知识和能力。

在环境保护方面，绿色技能包括减少环境污染、保护自然资源和生态环境的能力。例如，通过掌握废物处理和再循环的技巧，提高资源利用效率，从而减少废物排放；通过了解环境法规和政策，指导企业采取环保措施；通过应对气候变化和减少碳排放等，降低对环境的不利影响。

在生态农业方面，绿色技能包括可持续农业生产和生态系统保护的能力。这些能力又包括有机农业技术、农田生态系统管理、生物多样性保护、农业废弃物管理等。通过培养绿色技能，农民可以更好地满足生态农业的要求，实现农业生产的可持续发展。

绿色技能可以根据其所涉及领域进行分类。在环境保护方面，绿色技能包括清洁能源技术、水资源管理、环境监测与评估等；在生态农业方面，绿色技能包括有机农业技术、生物多样性保护、农田生态系统管理等。

绿色技能也可以基于技能的层级和复杂程度进行分类。这些层级包括基础技能、应用技能、管理技能等。基础技能包括对环境保护和生态农业的基本认识，以及相关的基础操作能力；应用技能涉及具体的绿色技术和方法的应用，例如环境检测技术和有机农业技术；管理技能则涉及对绿色技能的整体规划、组织和管理。

农村职业教育应当紧密围绕绿色技能培养，开设相关课程和专业，培养学生的综合素养，提高他们在环境保护和生态农业方面的技能水平。通过与企业合作，农村职业教育机构可以为学生提供实践机会，帮助他们将绿色技能应用于实际生产中。此外，绿色技能培训模式的构建和绿色技能培训效果的评估也是农村职业教育的重要环节。通过建立适应实际需求的培训模式，并对培训效果进行科学评估，可以持续优化绿色技能培训，为乡村生态振兴提供支持。

（二）绿色技能培训的需求

随着农村生态振兴的推进，绿色农业成为乡村经济发展的重要方向，对于掌握相应绿色技能的人才的需求也日益增长。

绿色技能培训的需求源于乡村产业结构的调整与转型。传统的农业模式已经难以适应现代农业的发展需求，绿色农业的兴起需要具备绿色技能的人才。例如，减少农药使用、提高农产品质量、保护环境等方面，需要农村职业教育机构开展绿色技能培训，以满足不断增长的技能需求。

农村职业教育机构与企业的合作也促进了绿色技能培训。随着农业产业化的发展，企业对拥有绿色技能的人才有着更高的需求。农村职业教育机构与企业合作，能够更好地了解绿色技能的具体需求，并开展相应的培训，从而满足企业的用人需求。

农村发展的生态要求也促使绿色技能培训的开展。农村地区的生态环境脆弱，对于环境保护和可持续发展的要求也越来越高。农村职业教育机构应该开展与绿色技能相关的培训，为学生提供满足环保要求的技能，从而保护农村的生态环境并促进经济社会发展。

因此，绿色技能培训在农村职业教育体系中显得尤为重要。农村职业教育机构应该关注绿色技能需求的变化，及时调整培训内容与方式，提高学生的技能水平。此外，应该加大对绿色技能培训的支持力度，提供更多的资金、设施和教育资源，为农村职业教育的发展提供保障。

（三）绿色技能培训模式的构建

首先，我们可以通过建立行业协会来促进绿色技能培训模式的构建。行业协会可以作为农村职业教育机构与企业之间的桥梁，协调双方利益，整合资源。行业协会还可以通过开展绿色技能培训课程、举办行业交流会等，推动绿色技能培训的开展。

其次，我们可以探索创新的培训模式，例如产学研合作模式。在这种模式下，农村职业教育机构与企业共同合作，共同参与培训课程的设计和实施。通过实践教学、实地考察和研究项目等，培养学生掌握绿色技能，并将其运用于实际生产中。同时，该模式还可以促进技术研发和知识转化，为乡村生态振兴提供支持和保障。

再次，我们可以依托先进的信息技术手段，构建在线培训平台。利用互联网和智能手机等，实现在线课程的开设、教学资源的共享和学习者的互动。绿色技能培训平台可以更好地满足学生的学习需求，提供个性化的培训服务，从而提高培训的效果。

最后，我们应该加强对绿色技能培训效果的评估和监测。通过建立完善的评估指标体系，对培训过程进行定量和定性的评价。同时，与优秀企业建立长期的合作关系，跟踪学生的就业情况和技能应用情况，以掌握培训的实际效果。

总之，绿色技能培训模式的构建需要充分考虑行业协会的作用、产学研合作模式的建立、在线培训平台的应用，以及对培训效果的评估。这些措施将为绿色技能培训提供可行的路径，促进乡村生态振兴的实现。

（四）绿色技能培训的效果评估

绿色技能培训作为农村职业教育的重要组成部分，对于推动乡村生态振兴具有重要意义。为了评估绿色技能培训的效果，我们需要进行系统的分析，以了解培训的影响。

在评估绿色技能培训的效果时，我们可以从学生的技能水平和知识掌握程度两个方面进行考量。通过对学生进行技能测试和知识问卷调查，可以客观评估其在绿色技能方面的掌握情况。这些评估结果有助于我们了解培训对学生技能提升的影响程度，从而为进一步改进培训内容和方法提供依据。

在评估绿色技能培训的效果时，我们需要考虑学生的行为和态度是否达到培养目标。这一评估可以通过观察和访谈等方法进行。我们可以观察学生在实际操作中的行为举止和态度表现，以了解他们是否能够遵守绿色技能培训中强调的环保原则，并将其应用于实践中。通过访谈学生，我们还可以了解培训对于学生综合能力的提高程度。

在评估绿色技能培训的效果时，我们需要考虑其对乡村生态振兴的贡献程度。我们可以通过实地调研和案例分析等，对经过绿色技能培训的学生进行评估。通过分析其在环境保护、资源利用等方面的实际应用情况，可以判断绿色技能培训对于乡村生态振兴的促进作用。

综上所述，评估绿色技能培训的效果，涉及技能水平、知识掌握、行为态度和对乡村生态振兴的贡献等多个方面。通过系统评估，我们可以全面了解培训的效果，为进一步优化绿色技能培训提供科学依据。

第五章　农村职业教育的创新实践

第一节　培养创新型人才

一、创新型人才概述

（一）创新型人才的定义与特征

创新型人才是指具备创新能力和创新素养的人才，他们在解决问题和促进社会进步方面起着重要作用。在乡村振兴战略下，培养创新型人才成为实现农村现代化和可持续发展的重要途径之一。

创新型人才具备广泛的知识储备和扎实的专业能力。他们拥有跨学科的知识结构，能够在不同领域中灵活运用所学知识解决实际问题。他们在相关领域具备专业知识和技能，能够进行独立的学术研究和创新实践。

创新型人才具备创新思维和创造力。他们能够从不同的角度思考问题，勇于质疑传统观念，富有独立思考和解决问题的能力。他们能够不断提出新的想法和构建新的理论框架，从而推动学科的发展和社会的进步。

创新型人才具备团队合作和沟通能力。他们善于与他人合作，能够有效组织和管理团队，协调各方利益，保证团队的工作和项目高效完成。他们具备良好的沟通能力，在专业领域中能够清晰地表达自己的观点和意见，并与他人进行有效沟通和合作。

创新型人才具备良好的道德素养和社会责任感。他们拥有良好的职业道德和行为规范，能够正确看待和处理个人与集体、个人与社会之间的关系。他们注重社会责任，在实践中能够积极参与社会服务和公益事业，为社会做出贡献。

因此，培养创新型人才是农村职业教育的重要任务，只有提供高质量的教育培养，才能满足乡村振兴对创新型人才的需求，促进农村可持续发展。

（二）创新型人才的重要性

创新型人才是乡村振兴战略下农村职业教育的核心要素之一。随着乡村经济的发展和社会进步，传统的人才培养模式已难以满足当前的需要。创新型人才培养模式的引入，成为提高人才素质和推动乡村经济发展的重要举措。

创新型人才的重要性体现在其对乡村经济转型升级的促进作用。乡村经济的发展离不开创新，而创新离不开人才。创新型人才具备创新思维和创业精神，能够促进乡村产业结构调整、技术改进以及社会转型。他们能够发现问题、解决问题，并引领乡村经济朝着新的方向发展。

创新型人才对于乡村振兴的顺利开展来说非常重要。乡村振兴旨在通过农村职业教育培养创新型人才，实现乡村经济的可持续发展。创新型人才在参与乡村振兴的过程中，有能力创新农村经济发展模式，促进农村产业结构的转型升级。

创新型人才的培养还对社会的全面发展具有重要意义。创新型人才不仅是农业生产领域的专业人才，还包括服务业、文化传媒、创意设计等领域的人才。这些人才的培养，有助于促进社会进步、提升生活质量和提高综合素质。

总之，只有通过全面提升人才素质，才能为乡村振兴的实施提供有力支撑，促进乡村经济持续健康发展。

（三）创新型人才的培养

创新型人才的培养是农村职业教育的重要任务。在培养创新型人才的过程中，我们需要注重培养学生的创新意识、创新能力和创新精神。

培养学生的创新意识是培养创新型人才的基础。创新意识是指学生对于新事物、新思想的敏感度和接受度。通过多方位的教育和引导，我们可以激发学生的好奇心和求知欲，培养他们对于新领域的探索能力。例如，我们可以通过开展科学实验、学科竞赛等活动，让学生体验科学探索的乐趣，从而培养他们的创新意识。

培养学生的创新能力是培养创新型人才的关键。创新能力包括问题解决能力、团队协作能力、创造力等。我们可以通过改变传统的教学方式，引入项目学习、课堂互动等教学方法，培养学生的问题解决能力和团队协作能力。我们还可以鼓励学生提出自己的观点和想法，给予他们充分的自由发挥空间，培养他们的创造力。

培养学生的创新精神是培养创新型人才的目标。创新精神是指学生对于创新活动的积极态度和乐观心态。我们可以通过树立正确的价值观和培养学生的自信心，培养他们敢于面对挑战、勇于创新的精神。同时，我们还应该引导学生正确对待失败，鼓励他们从失败中学习和成长，培养他们的创新精神。

总之，通过培养学生的创新意识、创新能力和创新精神，我们可以为乡村振兴提供优秀的人才支持，推动乡村经济的发展与进步。

二、乡村振兴对创新型人才的需求

乡村振兴要求农村经济转型升级，需要大量具备创新能力和创新精神的人才来推动农村产业的创新发展。这就要求农村职业教育培养出一批具备创新思维和实践能力的人才，能够满足乡村经济发展的需要。

乡村振兴提倡农村产业的多元化发展和产业结构的优化升级，这就对农村职业教育提出了更高的要求。农村职业教育不仅要培养技能型人才，还要注重培养具备创新精神和实践能力的创新型人才。这些人才能够在农村产业的创新和升级中发挥积极作用，促进农村经济可持续发展。

乡村振兴对创新型人才的需求还体现在教育模式的改变方面。传统的农村职业教育注重理论教学和技能培训，对于创新能力的培养相对薄弱。因此，农村职业教育要通过创新教育模式，引入更多的实践环节和创新项目，培养学生的创新思维和创新能力。只有这样，才能培养出适应乡村振兴开展的创新型人才。

乡村振兴下的农村职业教育应当注重提高创新型人才的综合素质。创新型人才的培养不仅要注重理论知识的学习，更需要关注实践能力的培养和实际应用能力的检验。因此，农村职业教育应当加强与相关产业的联系，提供实践场景和实际项目，让学生能够在实践中不断提高创新能力。同时，还应当加强对创新型人才的评价，为其提供更广阔的发展空间。

因此，农村职业教育要以创新为核心理念，通过教育模式的改变和创新项目的引入，培养具备创新思维和实践能力的人才。同时，还应当加强实践环节和评价机制的建设。只有这样，农村职业教育才能满足乡村振兴的需要，为乡村经济发展做出积极贡献。

三、创新型人才培养理念

（一）德育为本

以德育为本的培养理念强调学生的道德修养和价值观培养，将思想品德和社会责任作为培养核心。这一理念立足于促进学生全面发展的基础上，注重培养学生的道德素养和职业道德，使他们成为具备社会责任感的创新型人才。

在农村职业教育中，通过开展德育教育活动，可以帮助学生树立正确的世界观、人生观和价值观。教师要注重培养学生的社会责任意识，让他们认识到自己作为创新型人才的责任和使命。培养学生的良好品德和社会责任感，可以提升他们的职业素养，更重要的是，可以为乡村振兴的实施提供人才支持。

以德育为本的培养理念还要求教师注重培养学生的合作能力和沟通能力。在农村职业教育中，培养创新型人才应当强调团队合作和交流，以适应社会发展。教师可以通过组织团队项目、开展实践活动等方式，培养学生的团队协作能力和沟通能力，使他们具备在团队中解决问题的能力。

总之，通过培养学生的道德品质、社会责任感和团队合作能力，可以为乡村振兴提供有力的人才支持。

（二）实践教学

实践教学作为一种重要的教学方法，强调学生通过实践活动来获取知识、提高能力和培养创新精神。

1. 动手能力

农村职业教育的目标之一是培养学生的实践操作能力，实践教学正是为了实现这一目标而存在的。通过实际操作、实地考察、实验探究等多种形式的实践活动，学生可以将理论知识与实际工作相结合，具备解决实际问题的能力。这种培养理念的核心是将学生置于实践环境中，让他们参与各种实际工作，从而真实体验和掌握相关的职业技能。

2. 主动参与

传统的教学模式大多是以教师讲授为主导，学生则是被动接受知识。实践教学的培养理念突破了这种局限，强调学生在实践活动中的主动参与和角色转变。学生参与实践活动，不仅可以主动地收集和整理相关信息，还可以组织和分析实际问题，并尝试寻找解决问题的方法和策略。这种培养理念的实质是培养学生的自主学习能力和问题解决能力。

3. 创新思维

在实践活动中，学生需要通过观察、分析、总结等过程，培养创新思维和创新意识。实践教学的培养理念鼓励学生勇于尝试新的方法和思路，质疑传统观念和方式。通过开展创新性的实践活动，学生可以具备创新精神和创业能力，在乡村振兴中发挥积极的作用。

（三）终身学习

终身学习理念强调学习不仅在校进行，而是一种持续的学习态度和习惯。这种理念认为，随着社会发展和知识更新的速度加快，人们需要不断更新自己的知识和技能，满足不断变化的社会需求。

在农村职业教育中，培养学生的终身学习能力意味着不仅关注学生在校期间的学习，更要重视培养学生的学习习惯，使他们具备自主学习的能力，并能在毕业后继续学习和不断成长。

为了落实终身学习的培养理念，需要营造一个积极向上的学习氛围。学校可以通过开展各种形式的学习活动和提供学习资源来培养学生的学习兴趣。此外，还应该促进学习方式的创新，如引入信息技术教育，倡导在线学习、远程教育等灵活多样的学习模式，以提高学生的学习效果。

我们要加强学习方法和技能的培养。终身学习强调学习的方法和技能的掌握，而不仅是知识的积累。学校应该注重培养学生的学习能力，如信息检索、问题解决、团队合作等。通过学习这些技能，学生不仅能更好地适应社会的变化，也能更好地应对未来的挑战。

我们还要加强学生的自主学习能力的培养。终身学习要求学生具备主动、自觉学习的能力，能够根据自身的学习需求和目标进行学习规划。学校可以在课程设置和教学活动中注重培养学生的自主学习习惯，鼓励学生积极参与学习，提高他们的学习自觉性和学习能力。

总之,终身学习的培养理念在农村职业教育的创新型人才培养中发挥着重要的作用。学校应该以终身学习为指导,通过营造积极向上的学习氛围、培养学习方法和技能、加强学生自主学习能力的培养,引导学生养成终身学习的习惯,为他们的未来发展提供支持。

(四) 就业导向

就业导向的培养理念是指在农村职业教育中,以培养学生的就业能力为核心目标。这一理念在乡村振兴中显得尤为重要,以就业为导向的培养理念能够更好地满足农村地区的人才需求,促进乡村经济发展。

以就业为导向的培养理念强调实用性和职业能力的培养。农村职业教育应该注重培养学生的实践技能,使他们能够胜任具体的工作。针对乡村经济中的特定行业和岗位需求,课程设置应当贴近实际,注重培养学生的专业知识和操作能力。同时,通过实践教学和实习实训等,使学生能够在真实的职场环境中进行学习和实践,提高适应职场的能力。

以就业为导向的培养理念强调创新思维和创业能力的培养。在乡村振兴中,农村职业教育也要注重培养学生的创新意识。乡村经济的发展需要创新型人才来推动,因此,农村职业教育应该培养学生的创新创业精神。通过开展创新创业教育,提供机会让学生进行项目设计、商业模式探索等实践活动,激发他们的创新潜力。

以就业为导向的培养理念还要注重学生的职业规划和就业指导。农村职业教育应该帮助学生明确自己的职业目标,了解就业市场的需求和趋势,提供就业指导和职业规划的帮助。农村地区的就业市场相对有限,因此,学生需要在选择职业方向和就业路径时有更清晰的规划。通过引导学生进行职业测试和咨询,提供就业信息和资源,农村职业教育能够帮助学生更好地就业,促进乡村经济繁荣发展。

总之,以就业为导向的培养理念在农村职业教育中具有重要的意义。通过职业能力培养、创新思维和创业能力培养,以及职业规划和就业指导,农村职业教育能够更好地满足乡村经济发展的需求,培养出更多的创新型人才。

四、创新型人才培养模式

(一) 校企合作培养

校企合作的培养模式是一种新兴的人才培养方式,它通过学校与企业的合作共建、资源互通,为培养具备创新能力的人才提供了更加优质的平台。在乡村振兴中,农村职业教育要注重培养创新型人才,而校企合作的培养模式正是实现这一目标的重要途径。

校企合作的培养模式能够充分整合校内与企业的资源,为学生提供更加贴近实际的学习环境和机会。通过与企业合作，学生可以接触到实际工作中的问题和困难，更好地理解和应用所学知识。企业的专业技术与创新资源也可以为学生提供学习和实践的帮助，促使他们在实际操作中不断深化对专业知识的理解和提高应用能力。

校企合作的培养模式注重实践能力的培养，使学生能够更加快速地适应实际工作环境。通过与企业合作开展实训、实习等活动，学生能够直接接触真实的职业环境和工作任务，从而提升自己的实践能力和解决问题的能力。这种实践能力的培养不仅使学生在毕业后能够更好地胜任工作，还能够在创新与创业领域中发挥自己的潜力和作用。

校企合作的培养模式培养了学生的创新思维和团队合作能力。在校企合作的过程中，学生将面临各种实际问题和挑战，需要运用创新思维来解决。与企业合作也需要学生具备良好的团队合作意识和能力，因为很多项目和任务需要多人合作完成。通过与企业合作，学生可以锻炼自己的创新能力和团队合作能力，为将来的职业发展奠定基础。

（二）工学结合培养

工学结合的培养模式是一种将理论学习与实践技能相结合的培养创新型人才的模式。在农村职业教育中，工学结合的培养模式具有重要作用，它能够使学生更好地适应职业发展的需求，提高实践能力。

1. 实践教学

通过设置工学结合的实践环节，学生能够在实际工作场景中学习、掌握相关技能，从而更好地将所学知识运用于实践中。例如，在农村职业教育中，学生可以参与农田管理、农产品加工等项目，通过实践来提升相关技能，具备解决实际问题的能力。

2. 产学研结合

学校要与企业、研究机构紧密合作，共同开展实践活动和科学研究，为学生提供更多的实践机会和实践平台。学生可以参与企业技术研究、新产品开发等，接触和应用前沿科技，加强与行业的联系和交流，提升创新能力和竞争力。

3. 素质培养

除了专业知识和技能的培养，学校还要重视培养学生的团队合作能力、创新思维能力、沟通协调能力等综合素质。通过开展项目实践、团队合作、创新实践等，学生能够具备积极的工作态度和团队合作精神，为今后的职业生涯奠定坚实的基础。

总之，工学结合的培养模式对于培养创新型人才具有重要的意义。通过实践教学、产学研结合和综合素质培养，能够有效提高学生的实践能力、创新能力和就业竞争力。

（三）项目驱动培养

项目驱动的培养模式通过将课程与实际项目结合起来，让学生在实践中进行学习与探索，以促进其创新能力和实践能力的提升。

项目驱动的培养模式注重学生的参与度和主体性。在项目驱动的教学过程中，学生不再是被动接受知识的对象，而主动参与到项目策划中，承担具体的任务和角色。他们需要在项目中完成问题分析、解决方案的设计与实施，培养解决实际问题的能力和团队协作能力。

项目驱动的培养模式注重学生实践和应用能力的培养。通过项目驱动的学习，学生能够将所学知识与实际项目相结合，将理论与实践相融合。他们能够在实际的项目环境中完成实际操作与实践，从而更好地理解和应用所学内容，提高应用能力。

项目驱动的培养模式注重培养学生的创新能力。在项目驱动的学习过程中，学生需要面对各种实际问题，需要运用所学知识解决问题和创新，培养学生的创新思维和创新能力。同时，项目驱动可以为学生提供开放性的学习空间和实践环境，激发学生的创新潜力，培养他们的创新精神和创新意识。

项目驱动的培养模式注重培养学生的综合素质。通过项目驱动的学习，学生需要综合运用各种知识和技能，提高学生的综合能力。他们需要在项目中进行团队合作、资源调配和时间管理等，培养组织协调能力、判断决策能力和问题解决能力。

总之，项目驱动的培养模式在农村职业教育中具有重要意义。运用该模式，学生能够在实际项目中完成学习与实践，培养他们的创新能力、实践能力和综合素质，为创新型人才培养提供了有效途径。

五、创新型人才培养的评价

(一) 创新能力的评价

创新能力是指个体在特定背景下提出新的观点、创意并且解决问题的能力。

我们可以依据学生的创新思维和创造性表达来评价他们的创新能力。创新思维包括独立思考能力、灵活性、以及发现问题和解决问题的能力。例如，在课堂上，老师可以提供一些开放性的问题，鼓励学生进行思考，提出自己独特的见解。创造性表达则体现在学生对问题的表述与阐释上，能否用新颖的方式表达自己的观点。

我们可以依据学生的创新项目或实践成果来评价他们的创新能力。实践成果是学生运用自己所学知识、技能和创新思维解决实际问题的体现。例如，在农村职业教育中，学生可以策划一些创新实践活动，如设计并实施一个具有农村特色的创业项目，或者提出一种解决农村问题的创新方案。评价学生的创新能力时，我们也要注重创新项目的独特性、实用性和创新价值的评估。

我们可以依据学生的合作能力与团队精神来评价他们的创新能力。创新往往需要团队协作。在评价学生的创新能力时，我们要考察他们在团队中的角色定位、合作能力和创新思维的表现。例如，通过分组项目或者集体创新实践活动，观察学生在团队合作过程中的表现，包括沟通、协商、领导和解决矛盾的能力。

评价学生的创新能力还可以从学生自我评价的角度进行。学生应该对自己的创新能力进行评估和反思，发现自身的优点和不足之处，并提出改进的方案。这种自我评价的过程有助于学生不断提升创新能力。

（二）专业能力的评价

专业能力是一个人在特定领域内是否具备所需技能和知识的重要指标。为了确保培养出高水平的创新型人才，我们需要建立科学有效的专业能力评价体系。

我们可以考核学生在课堂上获得的专业知识和技能来评价他们的专业能力。传统的考试形式虽然能够较为客观地评估学生对知识点的掌握程度，但却不能全面反映学生的综合能力。为了解决这个问题，我们可以采用一系列课堂活动和实践项目来考核学生的专业能力。例如，让学生参加模拟实验、实地考察、实习实训等，通过观察他们在实际操作中的表现来评价他们的专业能力。

我们可以采用综合评价的方法来评估学生的专业能力。综合评价包括学业成绩、课外活动、社会实践等多个方面的考核，能够全面了解学生的专业素养和综合能力。综合评价还能促使学生在学习过程中注重全面发展，培养其创新精神和团队协作能力。例如，我们可以开展专业能力展示赛、创新设计大赛等活动，借助专业评价来对学生的专业能力进行全方位的考核。

我们可以依据学生的作品和项目成果来评价他们的专业能力。通过评估学生的设计作品、研究报告或实践项目，可以直观了解学生在专业领域内的表现和能力水平。同时，这也能激发学生的创新潜力，鼓励他们在学习过程中不断探索。

总之，评价专业能力是农村职业教育创新型人才培养中的重要环节。我们应该建立科学有效的评价体系，综合运用多种评价方法，全面客观地评估学生的专业素养和实际能力。

（三）综合素质的评价

在农村职业教育创新型人才培养中，评价学生的综合素质也是一个关键环节。综合素质评价是基于学生在专业知识学习的基础上，对其综合能力、创新能力、团队合作能力等方面进行的综合评估。

综合素质的评价要注重学生的综合能力。综合能力是指学生在实际操作中运用所学知识来解决问题、处理复杂情况的能力。评价学生的综合能力可以采用项目实践、实习实训等方式，让学生在实际场景中展现自己的能力，从而评估其在解决实际问题时的综合能力水平。

评价学生的综合素质还需要重视其创新能力。创新能力是创新型人才的关键能力。在评价学生的创新能力时，可以注重对其创新思维、创新能力发展的跟踪。通过开展创新项目、科研实践等活动，可以全面了解学生在创新方面的表现，评价其创新能力的提升情况。

评价综合素质也需要关注学生的团队合作能力。在当下，团队合作能力是求职者的重要素质之一。在评价学生的团队合作能力时，可以通过小组合作、项目合作等形式来观察学生在团队中的表现，包括学生在团队中的角色定位、协作能力以及对团队的贡献等方面对学生进行评价，以此来评估其团队合作能力水平。

综合素质的评价是一个多维度、全面性的评估过程。不仅注重学生的专业能力，还兼顾学生的综合能力、创新能力和团队合作能力等。这样的评价方式可以更准确地反映学生的整体水平，为农村职业教育创新型人才的培养提供指导。

第二节　促进农业现代化

一、农业现代化与乡村振兴

（一）农业现代化的内涵与特征

农业现代化，作为一种重要的发展模式，在促进乡村振兴的过程中发挥着关键作用。农业现代化的特征涵盖多个方面，包括生产方式、产业结构、科技水平等。

农业现代化要求转变农业生产方式，从传统的粗放型生产模式向科技创新型、资本密集型和市场化运作的现代农业转变。这意味着农业生产要借助先进的农机装备和农业技术，提高生产效率和质量，降低资源消耗和环境污染，并在市场竞争中保持优势。

农业现代化要求优化农业产业结构，促进农业内部结构的调整和升级。通过发展现代农业产业链，提升农业附加值，扩大农产品加工业和农产品流通业的规模，促进传统农业向品牌农业、特色农业和绿色农业转变。

农业现代化要求加强农业科技创新，提高农业技术水平。农业科技创新包括农业科研试验、新品种培育、农业机械研发等方面。通过科技的创新和应用，提高农业生产的效益，促进农业现代化发展。

农业现代化要求提升农民素质和科技创新能力。这包括提升农村职业教育水平、培养农民的创新意识和创业能力，以及提升农民的经营管理能力。通过培养具备现代农业知识和技能的农民，进一步推进农业现代化进程。

（二）乡村振兴的目标与路径

乡村振兴的目标主要体现在三个方面。首先，乡村振兴要促进农村经济持续增长。通过加大农业产业的发展力度，提高农村经济效益，实现农民收入的稳定增长，从而推动社会的发展与进步。其次，乡村振兴旨在推动农村的现代化发展。这包括提升农村基础设施建设水平，改善农村居民的生活条件，促进农村的文明进步与民主法治建设。再次，乡村振兴也要促进农村生态环境可持续发展。通过加强环境保护与生态建设，提高农业生产的可持续性，实现农村生态与农业发展的良性循环。

乡村振兴的路径是实现这些目标的具体方式。首先，需要加大农业科技创新力度，提高农业生产效率与质量。通过引进先进的农业技术，提升农业生产的科技含量，培育新兴农业产业，并推动农村产业结构的转型升级。其次，需要加强农村基础设施建设，完善交通、水利等基础设施，提高农村的生产生活条件，促进农民就业创业。再次，需要加强乡村治理，提升农村的自治能力，完善村民自治组织与管理体系，促进农村良性发展。最后，需要注重农村人才培养。通过加大对农村职业教育的投入，培养大批人才，提升农民的专业技能与创业能力，从而推动农村经济的发展与创新。

(三) 农业现代化对乡村振兴的作用

农业现代化作为推动乡村振兴的重要基础，对农村职业教育发展和农业技术创新具有重要作用。

农业现代化与乡村振兴紧密相连，在发展农业现代化的过程中，乡村振兴战略提供了重要的政策支持和指导。农业现代化的实现需要乡村振兴战略的推动，乡村振兴战略的实施也需要农业现代化的支撑。因此，农业现代化与乡村振兴战略是相互促进的关系。

农村职业教育作为农业现代化进程中的重要部分，对于农村经济的发展和提高农民素质有着不可替代的作用。农村职业教育通过开设相关课程和培训项目，为农民提供实用的职业技能，促进农村居民就业能力的提高。同时，农村职业教育还能培养农村居民的创业意识和创新精神，促进农业技术的创新。

农村职业教育促进农业技术创新具有重要的实践意义。农村职业教育机构可以与科研机构、企业和农民合作，建立产学研一体化合作平台，促进农业技术与市场需求的对接。通过农业技术的创新和推广，能够提高农业生产效率，提升农产品的质量，促进农村经济的发展和乡村振兴的实现。

因此，我们应该充分重视农村职业教育的发展，加强与农业现代化和乡村振兴战略的紧密结合，实现农业现代化和乡村振兴的良性互动，促进乡村经济持续健康发展。

二、农业现代化与农村职业教育

(一) 农村职业教育的定位

农村职业教育为农民提供针对性和实用性的职业技能培训，以满足劳动力市场对各类技术人才的需求。农村的特殊生产环境和农民的特定需求，决定了农村职业教育需要注重实践教学和技能训练，为农民提供实用技能和知识。

农村职业教育的功能主要是培养农村居民的职业能力和提升其综合素质。通过系统的职业技能培训，农村职业教育可以帮助农民掌握现代农业生产所需的先进技术和管理知识，提高他们从事农业生产的技术水平和创新能力。此外，农村职业教育还注重培养农民的职业意识和职业道德，提高他们的自我认知和自我管理能力，让他们具备良好的职业道德和稳定的心态，以满足现代农业生产的要求。

农村职业教育还承担着促进农业现代化进程的重要任务。一方面，农村职业教育可以为农民提供与农业现代化相适应的专业技能培训，推动农村经济的结构调整和产业升级，提高农业生产效益和竞争力。另一方面，农村职业教育可以培养技术人才，为农业技术创新提供强有力的支撑。通过与科研机构和企业的合作，农村职业教育可以促进农业科技的应用，促进农业技术的创新。

总之，农村职业教育在农业现代化进程中具有重要的作用。它不仅满足劳动力市场对技能人才的需求，还能培养农民的职业能力和提升其综合素质，促进农业现代化的推进。因此，我们应该加强对农村职业教育的投入，提高教育质量和培训效果，为农业技术创新作出积极贡献。

（二）农村职业教育对农业现代化的影响

农村职业教育为农民提供了专业的技术培训，帮助他们掌握先进的农业生产技能。通过系统的培训和实践操作，农民能够学习到科学的管理方法、高效的种植技术以及先进的农业机械操作技能。这些技能的掌握使得农民的生产水平得到提高，有力促进了农业现代化的实现。

农村职业教育还能培养专业人才，为农业现代化提供人力支持。通过开设专业课程和培训项目，农村职业教育机构培养了大批技术熟练、专业素养高的人才。这些人才拥有丰富的农业知识和实践经验，能够在农业生产、农业管理、农产品加工等方面发挥重要作用。他们能够运用现代化的农业技术，提升农业生产效益，促进农业向高质量、高效益的方向发展。

农村职业教育还有助于农业技术创新。通过与科研机构和企业合作，农村职业教育能够及时获取最新的科技成果，并加以运用和推广。通过实践教学和技术培训，农村职业教育能够帮助学员掌握先进的农业技术，培养他们的创新意识和实践能力，鼓励他们在农业生产中尝试新的方法。

三、农村职业教育促进农业技术创新

（一）农业技术创新的问题与对策

农业技术创新作为农业现代化的驱动力，对于促进乡村振兴战略的实施具有重要意义。然而，农业技术创新也面临着许多问题。首先，随着农业现代化的推进，农业生产方式和生产要求不断提高，对高效、智能、绿色的农业技术的需求日益增加。其次，农村的生产条件和资源情况各不相同，不同地域之间的需求差异较大，因此农业技术创新必须考虑地方特色和实际需求。再次，农民的素质和技能水平参差不齐，他们对于新技术的接受和应用能力存在一定差异，这也给农业技术创新带来了困难。最后，农村的基础设施建设相对滞后，技术推广的渠道相对狭窄，这让农业技术创新面临一定的阻碍。

针对这些问题，农村职业教育发挥着重要的作用。首先，农村职业教育可以根据不同地区的实际需求，开设相关的专业培训课程，培养更多满足农业技术创新的人才。通过系统培训，提高农民的科学素养和技能水平，让他们能更好地理解和应用新的农业技术。其次，农村职业教育可以根据农村特色和需求，针对性地开发适应农业发展的技术和创新方案，提供更加实用和可行的解决方案。再次，农村职业教育还可以加强与创新机构和企业的合作，建立技术转移和交流平台，加强农业技术创新成果的推广和应用。

（二）农村职业教育对农业技术创新的影响

农村职业教育为农民提供系统的专业培训，提高了他们的技术水平。通过系统的专业培训，农民可以学习到最新的农业知识、技术和管理方法，提高农业生产能力和效益。

农村职业教育培养了大批的技术人才，为农业技术创新提供了人才支持。在农村职业教育机构中，学生可以学习到与农业相关的专业知识和技能，成为具备创新能力的人才。这些人才可以在实验室和科研机构中进行科学研究，为农业技术创新提供帮助。

农村职业教育通过开展相关实践活动，促进农业技术的广泛应用。通过开展与农业相关的实践活动，学生可以将所学知识和技能应用到实际生产中，并及时反馈效果。这不仅加强了学生的实践能力，还促进了农业技术的创新。

农村职业教育还积极与优秀科技企业、科研机构等合作，开展联合研究和创新项目。通过与外界的合作交流，农村职业教育可以掌握最新的科技成果和农业技术创新动态，并及时将其应用到教学中。同时，合作研究也为学生提供了更多的实践机会，帮助他们掌握农业技术创新的实践方法和技巧。

（三）促进方式

农村职业教育为农民提供了培训机会，让他们够熟练掌握最新的农业技术知识与技能。通过系统化的培训，农民可以了解最新的科技成果，并学会如何运用这些技术来提高生产效益。同时，农村职业教育还能培养农民的创新意识和动手能力，让他们积极参与到农业技术创新的实践中。

农村职业教育还可以借助信息技术，开展远程教育和在线学习。随着互联网的普及，农民可以利用电脑、手机等设备学习农业技术，同时也可以通过在线平台与教师、专家进行互动交流。这种灵活的教学方式，不仅提高了农民学习的便捷性和灵活性，也为农业技术的广泛传播提供了媒介。

农村职业教育也通过培养农民的综合素质和专业技能，为农业技术创新提供了重要的技术支持。在未来的发展中，我们应进一步促进农村职业教育的发展，提高教育质量，不断创新教学模式，以更好地促进农业技术创新。

（四）具体实践

农村职业教育注重实践能力的培养，使学生能够将理论知识与实际操作相结合。通过参与实际的农业生产实践，学生能更好地理解和应用所学知识，并在实践中不断积累经验。这有助于他们更好地应对农业技术创新中的各种挑战和问题，并迅速解决。

农村职业教育能提供实践交流平台，将学生与农业技术领域的专家、团队联系起来。通过专家的指导，学生能接触到最新的农业技术成果，了解前沿领域的发展动态。这种交流与合作能够培养学生的创新思维，促使他们在农业技术创新过程中提出新的想法。

农村职业教育也注重学生的创业能力培养。通过创新创业教育的引导，学生们能将创新思维和专业知识应用于农业生产中，或者通过自主创业来推动农业技术创新。相关部门应该为农村职业教育提供更好的资源和支持，以便学生具备创新能力和创业精神。

综上所述，农村职业教育在促进农业技术创新方面具有重要作用。相关部门、学校和企业应该共同努力，加大对农村职业教育的投入，促进农业技术不断创新。

参考文献

［1］杨杨. 乡村振兴战略下农村职业教育发展与职业农民培育研究［M］. 天津：天津科学技术出版社，2023.

［2］祁占勇. 全面乡村振兴视域下农村职业教育发展战略研究［M］. 北京：光明日报出版社，2023.

［3］徐敏. 新时代职业教育助推乡村振兴战略的服务体系及策略研究［M］. 北京：北京理工大学出版社，2020.

［4］沈鸿. 乡村振兴战略下青年职业农民经营能力提升与培育机制研究［M］. 北京：企业管理出版社，2021.

［5］姚永强. 乡村振兴背景下中国农村教育发展［M］. 北京：社会科学文献出版社，2021.

［6］吴兆明. 乡村振兴与新型职业农民职业教育研究［M］. 南昌：江西人民出版社，2021.

［7］肖霞. 高职教育服务中国特色乡村振兴战略研究［M］. 天津：天津科学技术出版社，2022.

［8］孙列梅. 现代化视域下职业教育思想与实践研究［M］. 北京：现代出版社，2022.

［9］于凡. 吉林省乡村振兴人才支撑与新型职业农民培育问题研究［M］. 长春：吉林人民出版社，2019.

［10］唐智彬. 新型城镇化进程中农村职业教育发展的理论与模式［M］. 长沙：湖南师范大学出版社，2019.